"十四五"职业教育国家规划教材

 高等职业教育校企"双元"
合作开发教材

 高等职业教育在线
开放课程配套教材

审计基础与实务
学习指导与习题
（第二版）

SHENJI JICHU YU SHIWU XUEXI ZHIDAO YU XITI

新准则 新税率

主　编　李　凤

副主编　毛政珍　邓倩兰　刘聿一

新形态
教材

本书另配：习题与实训参考答案

中国教育出版传媒集团
高等教育出版社·北京

内容提要

本书是"十四五"职业教育国家规划教材。

本书是《审计基础与实务》(第二版)(李凤主编,高等教育出版社出版)的配套用书,与主教材在内容安排上保持了一致性。本书共分为九个项目,各项目内容结构大体相同,包括:① 学习指导,由学习目的与要求、学习要点、重难点问题三部分组成;② 习题与实训,由判断题、单项选择题、多项选择题、实训题、案例分析题组成。为了利教便学,本书另配有习题与实训参考答案等教学资源。

本书既可作为高等职业教育财务会计类专业学生用书,也可作为广大财会人员培训用书。

图书在版编目(CIP)数据

审计基础与实务学习指导与习题 / 李凤主编. —2版. —北京:高等教育出版社,2023.8
ISBN 978 - 7 - 04 - 059803 - 2

Ⅰ.①审… Ⅱ.①李… Ⅲ.①审计学–高等职业教育–习题集 Ⅳ.①F239.0 - 44

中国国家版本馆 CIP 数据核字(2023)第 059075 号

| 策划编辑 | 毕颖娟 | **责任编辑** | 钱力颖 张雨亭 | **封面设计** | 张文豪 | **责任印制** | 高忠富 |

出版发行	高等教育出版社	**网　　址**	http://www.hep.edu.cn
社　　址	北京市西城区德外大街 4 号		http://www.hep.com.cn
邮政编码	100120	**网上订购**	http://www.hepmall.com.cn
印　　刷	浙江天地海印刷有限公司		http://www.hepmall.com
开　　本	787mm×1092mm　1/16		http://www.hepmall.cn
印　　张	9.75	**版　　次**	2019 年 1 月第 1 版
字　　数	248 千字		2023 年 8 月第 2 版
购书热线	010-58581118	**印　　次**	2023 年 8 月第 1 次印刷
咨询电话	400-810-0598	**定　　价**	24.00 元

第二版前言

审计是经济控制体系中的重要组成部分。随着社会主义市场经济体制建设的逐步深入，现代企业制度得以建立与完善，审计在经济建设中发挥着越来越重要的作用，因此审计要求也更严格。为了适应高等职业教育教学的需要，我们组织编写了《审计基础与实务学习指导与习题》(第二版)，本书是《审计基础与实务》(第二版)(李凤主编，高等教育出版社出版)的配套用书。

本书根据党的二十大精神所提出的就业优先战略，基于高等职业教育的人才培养目标和教学特点，强调理论联系实际，突出职业性、可操作性等原则，实用性较强。全书以审计实务为主，涉及一定的审计基础理论，有利于学生巩固所学内容，提高审计实务操作技能水平。

本书既可作为《审计基础与实务》(第二版)的配套用书，也可作为广大财会人员的培训用书。为了方便教学，本书另配有习题与实训参考答案，索取方式见书后所附"教学资源服务指南"。

本书由长沙商贸旅游职业技术学院李凤担任主编，湖南商务职业技术学院毛政珍、长沙商贸旅游职业技术学院邓倩兰和刘聿一担任副主编。长沙商贸旅游职业技术学院魏友友和傅晶晶、邵阳职业技术学院锁琳参编。具体编写分工如下：毛政珍编写项目一；锁琳编写项目二；李凤编写项目三、项目四、项目五、项目六；邓倩兰编写项目七；刘聿一编写项目八；魏友友和傅晶晶编写项目九；全书由李凤总纂定稿。

由于编者水平所限，书中不当之处在所难免，敬请读者批评指正。

编　者

2023 年 7 月

目　录

项目一 审计职业认知

学 习 指 导

一、学习目的与要求

通过本项目的学习,了解中外审计的产生与发展和我国的审计监督体系,了解审计准则和注册会计师执业准则体系,掌握审计的定义、职能、作用及分类,掌握注册会计师职业道德和法律责任,为以后各项目的学习奠定基础。

二、学习要点

1. 中外审计的产生与发展
2. 审计的定义、职能、作用及分类
3. 审计准则和注册会计师执业准则体系
4. 注册会计师职业道德与法律责任

三、重难点问题

1. 审计产生的基础
2. 审计的分类及政府审计、内部审计、注册会计师审计的区别
3. 审计的独立性要求
4. 注册会计师职业道德基本原则

习 题 与 实 训

一、判断题

1. 在审计关系中,财产所有者是审计的授权人(委托人),财产经营管理者是被审计者,专业机构与人员是审计行为的执行者,即审计者。   (   )

2. 审计业务属于注册会计师的法定业务,非注册会计师不得承办。   (   )

3. 相关服务业务是非鉴证业务。在提供相关服务时,注册会计师不能提供任何程度的保证。   (   )

4. 审计的职能不是一成不变的,它是随着经济的发展而变化的。   (   )

5. 特殊普通合伙会计师事务所的所有合伙人都对事务所的债务承担有限责任。   (   )

1

6. 审计是社会经济发展到一定阶段的产物,是在财产所有权与经营权相分离而形成的受托责任关系下,基于监督的客观需要而产生的。（　　）

7. 审计按其内容与目的分为政府审计、内部审计与注册会计师审计。（　　）

8. 审计对象就是被审计单位。（　　）

9. 注册会计师审计的审计主体既独立于被审计单位,又独立于审计委托人。（　　）

10. 政府审计属于内部审计。（　　）

11. 审计准则是注册会计师实施审计工作时应遵守的行为规范,但它不是衡量审计工作质量的标准。（　　）

12. 注册会计师审计财务报表,能够减轻被审计单位管理层和治理层对财务报表的责任。（　　）

13. 注册会计师若与被审计单位的某位员工有近亲属关系,则不得执行该客户的审计业务。（　　）

14. 如果注册会计师仅拥有被审计单位的少量股票,不影响其独立性,注册会计师就不需要回避。（　　）

15. 如果注册会计师未查出被审计单位财务报表中的错报,则注册会计师应当承担法律责任。（　　）

16. 注册会计师对存货执行了监盘,但由于抽点检查的数量规模不足,以致未能对存货取得充分、适当的审计证据,这属于重大过失。（　　）

17. 注册会计师只要按照执业准则进行审计,就应当能够发现被审计单位财务报表中存在的所有错误或舞弊导致的错报。（　　）

18. 会计师事务所在任何情况下不得对外泄露审计档案所涉及的商业秘密等内容。（　　）

19. 所谓职业怀疑态度,是指注册会计师执行审计业务的一种态度,包括采取质疑的思维方式,对可能表明错误或舞弊导致错报的迹象保持警觉以及对审计证据进行审慎评价。（　　）

20. 在审计过程中,当注册会计师在会计或审计以外的领域不具有专长时,可以利用有关专家的工作,使项目组具备应有的专业胜任能力。（　　）

21. 纵观中外审计发展史,审计最早出现于民间,被称为"民间审计"。（　　）

二、单项选择题

1. 审计最基本的职能是（　　）。

A. 监督　　　　　　B. 鉴证　　　　　　C. 评价　　　　　　D. 建设性

2. 审计的本质特征是（　　）。

A. 权威性　　　　　B. 监督　　　　　　C. 独立性　　　　　D. 建设性

3. （　　）是指审计的执行者。

A. 审计主体　　　　B. 审计对象　　　　C. 审计委托人　　　D. 被审计单位

4. 所谓（　　）,是指注册会计师将鉴证业务风险降至该业务环境下可接受的低水平,并对鉴证后的信息提供高水平保证。

A. 无任何保证　　　B. 有限保证　　　　C. 合理保证　　　　D. 绝对保证

5. 下列各项中,属于注册会计师法定业务的是（　　）。

A. 审计业务　　　　　B. 代理纳税申报　　　C. 管理咨询　　　　D. 代编财务报告

6. 下列业务中,非注册会计师不得承办的是(　　)。

A. 内部控制鉴证　　　　　　　　　B. 财务会计制度设计

C. 税务服务　　　　　　　　　　　D. 财务报表审计业务

7. (　　)的独立性属于单向独立。

A. 民间审计　　　　　　　　　　　B. 注册会计师审计

C. 内部审计　　　　　　　　　　　D. 独立审计

8. (　　)是审计产生的基础。

A. 受托责任关系　　　B. 会计　　　　　C. 经济监督　　　　D. 独立性

9. (　　)监督检查各级政府及其部门的财政收支及公共资金的收支、运用情况。

A. 政府审计　　　　　　　　　　　B. 注册会计师审计

C. 内部审计　　　　　　　　　　　D. 独立审计

10. 按审计主体不同,审计可分为(　　)。

A. 财务报表审计、经营审计、合规性审计

B. 政府审计、注册会计师审计、内部审计

C. 定期审计、不定期审计

D. 报送审计、就地审计

11. 会计师事务所和注册会计师无法消除损害独立性因素的影响或将其降至可接受的低水平时,会计师事务所应当(　　)。

A. 不予理睬,照常承接业务　　　　　B. 不予理睬,继续按原计划进行审计

C. 出具无法表示意见的审计报告　　　D. 拒绝承接业务或解除业务约定

12. 会计师事务所如果无法胜任或不能按时完成审计业务,应该(　　)。

A. 减少审计收费　　　　　　　　　B. 转包给其他会计师事务所

C. 拒绝接受委托　　　　　　　　　D. 聘请其他专家帮助

13. 会计师事务所给他人造成经济损失时,应予赔偿,这表明会计师事务所要承担(　　)。

A. 行政责任　　　B. 刑事责任　　　C. 民事责任　　　D. 道德责任

14. (　　)是指注册会计师没有完全遵循执业准则的要求进行执业。

A. 普通过失　　　B. 重大过失　　　C. 欺诈　　　　　D. 违约

15. 在注册会计师鉴证业务准则中,起统领作用的是(　　)。

A. 鉴证业务基本准则　　　　　　　B. 审计准则

C. 审阅准则　　　　　　　　　　　D. 鉴证业务准则指南

16. 下列各项中,不属于保密原则中的例外情形的是(　　)。

A. 法律法规允许披露,并且取得客户或雇用单位的授权

B. 法律法规要求披露,包括为法律诉讼出示文件或提供证据,以及向有关监管机构报告发现的违法行为

C. 接受、答复注册会计师协会或监管机构的质量检查、询问和调查

D. 另一客户提出查看的要求

17. (　　)是指为了达到欺骗或坑害他人的目的,注册会计师明知已审计的财务报表有重大错报,却进行虚假陈述,发表不恰当的意见。

A. 违约　　　　　B. 一般过失　　　C. 重大过失　　　D. 欺诈

1

18. (　　)是一种内心状态,它使得注册会计师在提出结论时不受损害职业判断的因素的影响,诚信行事,遵循客观与公正原则,保持职业怀疑态度。

　　A. 实质上独立　　　　B. 经济上独立　　　　C. 形式上独立　　　　D. 组织上独立

19. (　　)是一种外在表现,使得一个有理性且掌握充分信息的第三方,在权衡所有相关事实和情况后,认为注册会计师没有损害诚信原则、客观和公正原则并保持了职业怀疑态度。

　　A. 实质上独立　　　　B. 经济上独立　　　　C. 形式上独立　　　　D. 组织上独立

20. 在中国,"审计"一词最早出现于(　　)。

　　A. 西周　　　　　　　B. 秦汉　　　　　　　C. 唐代　　　　　　　D. 宋代

21. 纵观中外审计发展史,最早出现的审计是(　　)。

　　A. 国家审计　　　　　B. 注册会计师审计　　C. 内部审计　　　　　D. 独立审计

22. 审计对象可以概括为被审计单位的(　　)。

　　A. 会计资料　　　　　B. 经济活动　　　　　C. 财务收支　　　　　D. 财务报表

23. 以下关于审计关系的论述中,正确的是(　　)。

　　A. 审计对象只需要接受审计主体的监督

　　B. 审计委托方与审计对象之间存在委托代理关系

　　C. 审计对象是审计第一关系人

　　D. 审计主体与审计委托方的经济利益是一致的

24. 我国古代政府审计产生的标志是(　　)。

　　A. 御史台的设置　　　B. 审计院的设置　　　C. 上计制度的形成　　D. 宰夫一职的出现

25. 以下关于西方社会审计历史的论述中,正确的是(　　)。

　　A. 美国式审计出现在第二次世界大战以后

　　B. 西方社会审计最早起源于美国

　　C. 第一个职业会计团体出现在意大利

　　D. 英国早期社会审计采用的是详细审计方法

26. 审计第三关系人是(　　)。

　　A. 审计主体　　　　　B. 审计行业协会　　　C. 审计委托方　　　　D. 审计客体

27. 国家审计机关查找政府预算执行中的违规问题体现了审计的(　　)。

　　A. 经济评价职能　　　B. 经济监督职能　　　C. 经济鉴证职能　　　D. 经济管理职能

28. 下列关于会计师事务所的说法中,不正确的是(　　)。

　　A. 成立会计师事务所应当由政府主管部门审批

　　B. 会计师事务所应当按照质量控制准则的要求建立相应的质量控制制度

　　C. 职业道德规范对会计师事务所也具有约束作用

　　D. 会计师事务所承接的所有业务活动都需要遵循独立性原则

29. 以下关于独立性的论述中,不恰当的是(　　)。

　　A. 注册会计师在执行咨询业务时不需要强调独立性

　　B. 审计人员在审计活动中应当保持实质上与形式上的独立

　　C. 独立性原则是针对审计人员而不是针对审计组织的

　　D. 审计与其他经济监督活动相比最大的区别就是独立性

30. 下列关于注册会计师职业道德基本原则的表述中,错误的是(　　)。

　　A. 在执行鉴证业务时,注册会计师仅从实质上保持独立性,并保证不因任何利害关系影

响其客观性即可,无须考虑形式上的独立

B. 审计人员应当遵守相关法律法规,避免发生任何损害职业声誉的行为

C. 审计人员在向公众传递信息以及推介自己和工作时,应当客观、真实、得体,不得损害职业形象

D. 会计师事务所承接审计和审阅业务、其他鉴证业务时,应当从会计师事务所整体层面和具体业务层面采取措施,以保持会计师事务所和项目团队的独立性

三、多项选择题

1. 审计的职能包括(　　　　)。

A. 监督　　　　　　　B. 鉴证　　　　　　　C. 评价　　　　　　　D. 制约性

2. 按照提供的保证程度和鉴证对象不同,鉴证业务可分为(　　　)。

A. 审计业务　　　　　　　　　　　B. 审阅业务

C. 其他鉴证业务　　　　　　　　　D. 相关服务业务

3. 审计的作用通常包括(　　　　)。

A. 监督　　　　　　　B. 评价　　　　　　　C. 制约　　　　　　　D. 建设

4. 审计主体有(　　　　)。

A. 政府审计机关　　　B. 内部审计机构　　　C. 公司经理　　　　　D. 注册会计师

5. 会计师事务所组织形式包括(　　　　)。

A. 独资会计师事务所　　　　　　　B. 普通合伙会计师事务所

C. 有限责任会计师事务所　　　　　D. 特殊普通合伙会计师事务所

6. 注册会计师鉴证业务可能提供的保证程度包括(　　　　)。

A. 合理保证　　　　　B. 有限保证　　　　　C. 绝对保证　　　　　D. 无保证

7. 审计对象的三层含义包括(　　　　)。

A. 被审计单位

B. 被审计单位的经济活动

C. 被审计单位的会计资料及其相关资料

D. 被审计单位的财务报表

8. 下列各项中,属于我国会计师事务所可以从事的业务有(　　　　)。

A. 审计业务　　　　　B. 审阅业务　　　　　C. 内部控制鉴证　　　D. 税务服务

9. 下列业务类型中,注册会计师能够以积极方式得出结论的有(　　　　)。

A. 财务报表审计业务　　　　　　　B. 财务报表审阅业务

C. 内部控制鉴证　　　　　　　　　D. 会计政策选用咨询服务

10. 注册会计师执业准则体系包括(　　　　)。

A. 注册会计师业务准则　　　　　　B. 注册会计师职业道德规范

C. 会计师事务所质量控制准则　　　D. 企业会计准则

11. 注册会计师业务准则体系包括(　　　　)。

A. 相关服务准则　　　　　　　　　B. 注册会计师职业道德规范

C. 会计师事务所质量控制准则　　　D. 鉴证业务准则

12. 我国注册会计师鉴证业务准则包括(　　　　)。

A. 相关服务准则　　　B. 审计准则　　　　　C. 审阅准则　　　　　D. 其他鉴证业务准则

1

13. 注册会计师职业道德基本原则包括(   )。

A. 诚信与独立性   B. 客观与公正

C. 专业胜任能力和勤勉尽责   D. 保密与良好的职业行为

14. 对注册会计师遵循职业道德基本原则可能导致不利影响的情形有(   )。

A. 自身利益   B. 自我评价   C. 过度推介   D. 密切关系

15. 根据注册会计师职业道德基本原则中专业胜任能力和勤勉尽责的要求,注册会计师(   )。

A. 即使不能胜任业务,也可承接

B. 应当持续了解和掌握相关专业技术和业务的发展,以保持专业胜任能力

C. 应当保持职业怀疑态度

D. 不得按服务成果的大小收取各项费用

16. 职业道德概念框架的思路包括(   )。

A. 识别对遵循职业道德基本原则的不利影响

B. 评价已识别不利影响的重要程度

C. 采取必要的防范措施消除不利影响或将其降至可接受的低水平

D. 如果不能消除不利影响或将其降至可接受的低水平,应考虑拒绝、终止或解除业务约定

17. 存在(   )行为时,注册会计师可能需要承担法律责任。

A. 违约   B. 过失

C. 欺诈   D. 出具无法表示意见的审计报告

18. 下列关于管理层和治理层责任之间关系的表述中,正确的有(   )。

A. 如果财务报表存在重大错报,而注册会计师通过审计未发现,由于财务报表已经过注册会计师审计,所以注册会计师责任可以减轻管理层和治理层对财务报表的责任

B. 如果财务报表存在重大错报,而注册会计师通过审计未发现,注册会计师可能承担过失或欺诈的责任

C. 如果财务报表存在重大错报,而注册会计师通过审计未发现,也不能因为财务报表已经过注册会计师审计这一事实而减轻管理层和治理层对财务报表的责任

D. 管理层和治理层对编制财务报表承担责任,从源头上保证财务信息质量,管理层和治理层应对编制财务报表承担完全责任

19. 审计人员通过执行审计任务对财务报表发表审计意见,审计人员发表审计意见的内容包括(   )。

A. 财务报表是否符合适用的会计准则和相关会计制度的规定

B. 被审计单位是否存在重大的舞弊和违法行为

C. 被审计单位是否具有持续经营的能力

D. 财务报表是否在所有重大方面公允地反映被审计单位的财务状况、经营成果和现金流量

20. 审计人员在披露客户的下列涉密信息中,不构成违反保密原则的有(   )。

A. 对其预期客户的信息进行披露

B. 向有关监管机构报告发现的违法行为

C. 在终止客户关系两年之后披露相关信息

D. 在法律诉讼程序中为维护自身的职业利益而披露客户的相关信息

1

21. 下列各项中,注册会计师为确保其独立性而应回避的有(　　　　)。

A. 注册会计师的配偶是被审计单位的高层管理人员

B. 注册会计师在商场购买过被审计单位的产品

C. 注册会计师 5 年前担任过被审计单位的出纳

D. 注册会计师常年担任被审计单位的会计顾问

22. 下列各项中,属于因自身利益对职业道德基本原则产生不利影响的有(　　　　)。

A. 会计师事务所的收入过分依赖某一审计客户

B. 审计项目组成员在审计客户中拥有直接经济利益

C. 会计师事务所与审计客户就审计业务达成或有收费的协议

D. 审计项目组成员担任审计客户的辩护人

23. 下列各项中,属于因自我评价对注册会计师职业道德基本原则产生不利影响的有(　　　　)。

A. 审计项目组成员担任或近期曾担任审计客户的董事

B. 会计师事务所为审计客户编制计算递延所得税所使用的原始数据

C. 审计项目组成员的近亲属担任审计客户的高级管理人员

D. 审计项目组成员接受审计客户的礼品或款待

24. 下列各项中,符合良好的职业行为原则的有(　　　　)。

A. 利用媒体刊登会计师事务所迁址和名称变更的信息

B. 利用媒体刊登招聘员工的信息

C. 利用媒体宣传会计师事务所有能力影响监管机构以扩大品牌影响力

D. 利用媒体宣传或有收费等更加灵活的定价方案以招揽业务

25. 因密切关系导致不利影响的情形主要包括(　　　　)。

A. 审计项目团队成员的近亲属担任审计客户的董事或高级管理人员

B. 审计项目团队成员的近亲属是客户的员工,其所处职位能够对业务对象施加重大影响

C. 审计项目团队成员与审计客户之间存在长期业务关系

D. 注册会计师与客户之间存在密切的商业关系

四、实训题

1. 仲桥会计师事务所首次接受委托,承办中大公司 2022 年度财务报表审计业务,并于 2022 年年底与中大公司签订审计业务约定书。审计过程中存在以下六种情况:

(1) 仲桥会计师事务所以明显低于前任会计师事务所的收费承接了业务,并且,通过与前任会计师事务所和当地相同规模的其他会计师事务所进行比较,向中大公司保证,在审计中能够遵循职业准则,审计质量不会因降低收费而受到影响。

(2) 在签订审计业务约定书后,仲桥会计师事务所的审计人员李芳受聘担任中大公司独立董事。按照原定审计计划,李芳为该审计项目的外勤审计负责人。为保持独立性,仲桥会计师事务所在执行该审计业务前,将李芳调离审计小组。

(3) 仲桥会计师事务所聘用律师协助开展工作,要求该律师书面承诺按照中国审计人员职业道德规范的要求提供服务。

(4) 中大公司要求仲桥会计师事务所在出具审计报告的同时,提供正式纳税鉴证意见。为此,双方另行签订了业务约定书。

（5）前任会计师事务所对中大公司 2021 年度财务报表出具了标准无保留意见审计报告，仲桥会计师事务所认为在接受委托后对中大公司的情况相当了解，所以决定不再提请中大公司与前任会计师事务所联系。

（6）中大公司在某国设有分支机构，该国允许会计师事务所通过广告承揽业务。因此，仲桥会计师事务所委托该分支机构在该国媒体进行广告宣传，以招揽该国在中国设立的企业的审计业务。相关广告费已由仲桥会计师事务所支付。

要求：请分别就六种情况，判断仲桥会计师事务所是否违反中国审计人员职业道德规范的要求，并简要说明理由。

　　2. 正旺会计师事务所长期以来主要开展对银行、保险公司等金融机构的年报审计业务。2023 年 3 月月初,该事务所的负责人邹平正在考虑下列客户的具体情况,以保持审计业务的独立性:

　　(1) A 保险公司于 2021 年 10 月聘请正旺会计师事务所为其设计一套具有针对性的规章制度。注册会计师章晓长期参与 A 保险公司报表的审计业务,同时是上述制度的主要设计者。2023 年,章晓担任 A 保险公司报表审计的项目负责人。

　　(2) 正旺会计师事务所已连续 3 年承办 A 保险公司的财务报表审计业务。为保证审计的独立性,正旺会计师事务所决定自 2023 年起停止执行 A 保险公司年度财务报表审计业务,改为参与 A 保险公司的投资业务策划。

　　(3) 注册会计师李平 2023 年 3 月接受正旺事务所指派,参加 W 银行 2022 年度财务报表的审计项目。李平的妹妹在该银行担任财务助理。

　　(4) 为解决员工住房问题,正旺会计师事务所与 W 银行经批准共同投资兴建了职工住宅楼,双方共同聘请物业公司进行日常管理。

　　(5) 注册会计师王清 2022 年从 Z 银行贷款 20 万元购买了一辆轿车。按贷款协议约定,王清每月需要向 Z 银行偿还贷款 3 500 元。由于王清在 2022 年年底购买了房屋,无力按时向 Z 银行支付借款本息。2023 年以来,已累计 3 个月没有偿还贷款。

　　(6) 注册会计师张可 2021 年来一直是 M 银行年度财务报表审计业务的项目组成员。得知张可于 2023 年 3 月 1 日举办婚礼后,M 银行行长将该行的 10 辆高级轿车借给张可作为婚礼用车。

　　要求:请根据具体情况,判断正旺会计师事务所接受相关的审计业务是否损害其独立性;对认为影响独立性的情形,如果存在消除影响的措施,请予以指出。

1

五、案例分析题

1. 1710 年，从事海外贸易业务的英国南海股份有限公司(以下简称"南海公司")成立。公司最初经营业绩平平，董事会为了使股票达到预期价格，开始对外散布各种所谓的"好消息"，例如，公司在年底将有大量利润可实现，并预计在 1720 年的圣诞节按面值的 60% 支付股利。这一消息促进了债券转换，进而带动了股价上升。1719 年，南海公司股价为 114 英镑；1720 年 3 月，股价劲升至 300 英镑以上；1720 年 7 月，股票价格更是高达 1 050 英镑。此时，南海公司高层又想出了新主意：以数倍于面额的价格发行可分期付款的新股。同时，将获取的现金转贷给购买股票的公众。这样，随着南海股价的扶摇直上，一场投机浪潮席卷英国。

英国议会为了制止国内"泡沫公司"的膨胀，于 1720 年 6 月通过了《泡沫法案》，一些公司被解散。许多投资者开始清醒，并抛售所持股票。随着投机热潮的冷却，南海公司股价一落千丈，从 1720 年 8 月 25 日到 9 月 28 日，南海公司的股票价格从 900 英镑下跌到 190 英镑，到 12 月份仅为 124 英镑，投资者遭受巨大损失。同年年底，英国政府对南海公司的资产进行清理，发现其实际资本所剩无几。而后，南海公司宣布破产，投资者要求英国议会严惩欺诈者，并赔偿损失。1720 年 9 月，英国议会组织特别委员会，对"南海泡沫"事件进行秘密查证，特邀资深会计师查尔斯·斯奈尔(Charles Snell)对南海公司的会计账目进行检查。

查尔斯·斯奈尔通过对南海公司账目进行查询、审核，于 1721 年以会计师名义提交了一份会计账目检查意见。在该份报告中，查尔斯·斯奈尔指出南海公司存在舞弊行为、会计记录严重不实等问题。议会根据这份查账报告，将南海公司董事之一的雅各布·布伦特(Jacob Brent)以及其他合伙人的不动产全部予以没收。

1828 年，由于经济发展对资金的高度需求，英国政府重新认识股份公司的经济意义，撤销 1720 年的《泡沫法案》，恢复股份公司这一现代企业制度的形式。英国政府还通过设立民间审计的方式，将股份公司因所有权与经营权分离所产生的问题予以制约，完善了股份公司制度这种现代企业制度。

要求：

(1) 讨论英国南海公司破产审计案的历史意义及对现代民间审计产生的深远影响。

(2) 讨论股份公司发展对民间审计的客观需要。

2. 2023 年 1 月,ABC 公司审计部对下属热电公司的应收账款进行专项审计。热电公司主要生产蒸汽和电力,至 2022 年 12 月月底应收账款余额为 4 620.85 万元,涉及 121 家客户。审计部对 121 家拖欠单位逐一审查,发现纺织公司拖欠时间长、金额大,欠款共计 168.11 万元,除 2022 年 12 月按照合同正常欠款 8.68 万元外,自 2019 年 4 月签订供汽合同起,只支付了部分货款,至 2022 年 11 月月底累计拖欠 159.43 万元。

审计过程中,纺织公司提供付款凭证 21 份,总额 208 万元,并称对热电公司的蒸汽往来款项,部分用转账支票支付,部分用现金支付,不存在拖欠问题。热电公司销售员反映:该 21 份付款凭证由热电公司销售员从 2020 年 1 月起去纺织公司结算时,因领取转账支票需要对方法人代表的签字,按照对方要求而填写,实际未收到现金,只收到转账支票。经查银行存款日记账、库存现金日记账和银行对账单,从未有纺织公司的现金进账业务。

对此,审计组在审计报告中向董事会提出"提起民事诉讼,以减少企业损失"和"完善销售制度,销售科加强对购货方执行合同的监管"的审计建议。

ABC 公司董事会采纳审计建议,要求热电公司尽快提起诉讼。热电公司于 2023 年 2 月提起诉状。2023 年 3 月经法院民事调解:纺织公司支付热电公司款项 159.43 万元及违约金 0.57 万元,合计 160 万元,纺织公司于 2023 年 5 月月底将款项如数支付给了热电公司。同时,热电公司制定了销售货物管理制度,严格办理手续流程,防止经济纠纷案件的再次发生。

要求:分析内部审计在企业管理中的作用。

3. ABC 上市公司是 XYZ 会计师事务所的常年审计客户。2022 年 7 月,XYZ 会计师事务所与 ABC 公司续签了审计业务约定书,接受委托审计 ABC 公司 2022 年度财务报表。会计师事务所准备分派注册会计师刘海参加该审计项目,假定存在以下情形:

(1) 刘海持有 ABC 公司股票 1 000 股。

(2) 刘海长期为 ABC 公司代理记账和代编财务报表。

(3) 刘海的妻弟担任 ABC 公司的董事。

(4) 刘海为 ABC 公司提供资产评估服务,且评估结果对财务报表具有重大影响。

(5) 刘海已经担任 ABC 公司年度财务报表审计业务的项目经理达 6 年。

(6) 刘海针对审计过程中发现的问题,向 ABC 公司提出了会计政策选用和审计调整的建议。

要求:请判断上述各情形是否对 XYZ 会计师事务所的独立性产生不利影响,并简要说明理由。

1

4. 2022年,恒信会计师事务所与恒通会计师事务所达成业务合作协议,恒信会计师事务所以"强强联手,服务最优"为主题在多家媒体刊登广告,宣传两家会计师事务所的合作事宜。

要求:讨论并判断上述做法是否恰当,并说明理由。

5. 恒信会计师2022年新增3家审计客户,均为首次接受委托,签订相关协议内容分别如下:

(1) 与甲公司签订审计业务约定书时,商定按六折收取审计费用。据此,审计项目组计划相应地缩小审计范围,并就此事与甲公司治理层达成一致意见。

(2) 与乙公司签订的审计业务约定书约定,乙公司如上市成功,将按发行股票融资额的0.1%另行奖励恒信会计师事务所。

(3) 丙公司与恒信会计师事务所签订协议,由丙公司向其客户推荐恒信会计师事务所的服务。每次推荐成功后,由恒信会计师事务所向丙公司支付业务介绍费,该费用的金额不重大。

要求:判断上述做法是否恰当,并说明理由。

项目二　接受审计业务委托

学 习 指 导

一、学习目的与要求

通过本项目的学习,了解审计初步业务活动的目的和内容,熟悉审计业务约定书的基本内容。

二、学习要点

1. 审计初步业务活动的目的和内容
2. 审计业务约定书的签订

三、重难点问题

1. 审计初步业务活动的具体内容
2. 审计业务约定书的具体内容与格式

习 题 与 实 训

一、判断题

1. 审计业务错综复杂,即使归属于同一审计阶段的几项具体审计工作,有时也是难分先后的。　　　　　　　　　　　　　　　　　　　　　　　　　　　　　(　　)

2. 如果被审计单位不是委托人,审计业务约定书是由注册会计师与委托人签订的书面协议。　　　　　　　　　　　　　　　　　　　　　　　　　　　　　　(　　)

3. 审计业务约定书既可证明被审计单位管理层承担的责任,又可证明会计师事务所应履行的义务。　　　　　　　　　　　　　　　　　　　　　　　　　　　　(　　)

4. 初步业务活动主要是对被审计单位的财务报表及账户余额进行检查。　(　　)

5. 业务约定书是被审计单位与审计组织共同签订的。但也存在委托人与被审计人不是同一方的情况,在这种情况下,签约主体通常还包括委托人。　　　　　　　(　　)

6. 审计业务约定书,既可以采用书面形式,也可采用口头形式。　　　　(　　)

7. 审计收费方法可以采用计件收费和计时收费两种方法。从注册会计师业务发展趋势来看,计时收费应成为审计收费的基本方法。　　　　　　　　　　　　　　(　　)

8. 会计师事务所无法胜任或不能按时完成某项业务时，如果能从其他会计师事务所临时聘请到相关专业人员，则可接受该项业务的委托。　　　　　　　　　（　　）

9. 由于审计业务约定书具有法律效力，因此它应按照经济合同法来规范。　（　　）

10. 如果在审计业务约定书中要求被审计单位及时提供注册会计师审计所需要的全部资料及必要的条件与合作等，则应适当降低审计收费。　　　　　　　　（　　）

11. 对于连续审计，注册会计师无须进行初步业务活动。　　　　　　　　（　　）

12. 初步业务活动包括确定审计项目组成员及拟利用的专家。　　　　　　（　　）

13. 审计基本流程从初步业务活动开始。　　　　　　　　　　　　　　（　　）

14. 对于连续审计，注册会计师可以决定不在每期都致送新的审计业务约定书。（　　）

15. 制订审计计划不属于初步业务活动的范畴。　　　　　　　　　　　（　　）

二、单项选择题

1.（　　）是指会计师事务所与被审计单位签订的，用以记录和确认审计业务的委托与受托关系、审计目标和业务范围、双方的责任以及报告的格式等事项的书面协议。

A. 审计计划　　　　　B. 审计业务约定书　　C. 总体审计策略　　　D. 具体审计计划

2.（　　）主要用于对被审计单位的情况和注册会计师自身的能力进行了解和评估，确定是否接受或保持审计业务，它是控制审计风险的第一道屏障。

A. 初步业务活动　　　B. 风险识别　　　　　C. 风险评估　　　　　D. 风险应对

3. 在签订审计业务约定书之前，应当对会计师事务所的胜任能力进行评价，评价的内容不包括（　　）。

A. 执行审计的能力　　　　　　　　　B. 会计师事务所的独立性

C. 保持应有谨慎的能力　　　　　　　D. 助理人员

4. 在签订审计业务约定书之前，注册会计师应初步了解的被审计单位基本情况不包括（　　）。

A. 业务性质、经营规模和组织结构　　B. 经营情况和经营风险

C. 以前年度接受审计的情况　　　　　D. 控制活动

5. 下列情形中，会计师事务所不应与客户签约的是（　　）。

A. 会计师事务所某一职员的子女为客户的员工

B. 会计师事务所与客户之间有诉讼案件

C. 会计师事务所职员之一为客户的财务顾问

D. 会计师客户拥有较多的关联方

6.（　　）一经签订，就具有法律约束力，委托与受托双方都必须严格遵守。

A. 审计业务约定书　　B. 管理建议书　　　　C. 审计工作底稿　　　D. 审计计划

7. 下列项目中，属于审计业务约定书内容的是（　　）。

A. 所审计财务报表的内容　　　　　　B. 审计报告种类

C. 审计范围　　　　　　　　　　　　D. 审计报告格式

8. 在下列有关审计业务约定书的内容中，（　　）可随着被审计单位的不同而变化。

A. 管理层对财务报表的责任

B. 注册会计师对执业过程中获知的信息保密

C. 执行审计工作的安排，包括出具审计报告的时间要求

D. 财务报表审计的目标

2

9. 在审计业务约定书的下列内容中,( )是被审计单位与会计师事务所在签约时共同商定的。

A. 注册会计师可以不受限制地接触任何与审计有关的文件、记录和所需的其他信息

B. 被审计单位管理层对其作出的与审计有关的声明予以书面确认

C. 违约责任、解决争议的办法以及审计收费的计算基础和收费安排

D. 审计范围和在执行财务报表审计业务时遵循的注册会计师审计准则

10. 下列关于审计业务约定书的说法中,错误的是( )。

A. 审计业务约定书是会计师事务所与被审计单位签订的

B. 审计业务约定书的具体内容和格式不会因被审计单位的不同而不同

C. 审计业务约定书具有经济合同的性质,它的目的是明确约定各方的权利和义务

D. 会计师事务所承接任何审计业务,均应与被审计单位签订审计业务约定书

11. 下列选项中,不属于初步业务活动的主要目的是( )。

A. 与被审计单位之间不存在对业务约定条款的误解

B. 了解被审计单位及其环境

C. 不存在因管理层诚信问题而可能影响注册会计师承接该项业务的意愿的事项

D. 具备执行业务所需的独立性和能力

12. 下列选项中,不属于初步业务活动内容的是( )。

A. 针对保持客户关系和具体审计业务实施相应的质量管理程序

B. 评价遵守相关职业道德要求的情况

C. 实施进一步审计程序

D. 就审计业务约定条款达成一致意见

13. 下列各项中,不属于审计业务约定书基本内容的是( )。

A. 管理层的责任　　　　　　　　　B. 注册会计师的责任

C. 财务报表审计的目标与范围　　　　D. 审计项目组的构成

14. 下列各项中,通常无须包含在审计业务约定书中的是( )。

A. 财务报表中审计的目的与范围

B. 管理层和治理层的责任

C. 出具审计报告的日期

D. 用于编制财务报表所使用的财务报告编制基础

三、多项选择题

1. 审计业务约定书的具体内容包括( )。

A. 财务报表审计的目标　　　　　　B. 管理层对财务报表的责任

C. 执行审计工作的安排　　　　　　D. 审计收费的内容

2. 下列关于审计业务约定书的说法中,正确的有( )。

A. 审计业务约定书是会计师事务所与被审计单位签订的协议

B. 审计业务约定书的具体内容和格式,可能因被审计单位的不同而存在差异

C. 会计师事务所承接某些审计业务可以不与被审计单位签订审计业务约定书

D. 审计业务约定书应由会计师事务所与被审计单位法人代表或授权代表签署,并加盖双方单位印章

2

3. 在实务中,审计业务约定书可以采用的形式有(　　　　)。

A. 合同式　　　　　　　　　　　　B. 媒体公告式

C. 口头约定式　　　　　　　　　　D. 信函式

4. 初步业务活动包括(　　　　)。

A. 初步了解被审计单位及其环境

B. 评价被审计单位的治理层、管理层是否诚信

C. 评价会计师事务所与注册会计师遵守职业道德的情况

D. 签订或修改审计业务约定书

5. 审计业务约定书应当包括(　　　　)。

A. 重要性水平　　　　　　　　　　B. 会计责任与审计责任

C. 审计收费　　　　　　　　　　　D. 审计范围

6. 注册会计师了解被审计单位的基本情况包括(　　　　)。

A. 业务性质、经营规模、经营情况及经营风险

B. 以前年度接受审计的情况

C. 财务会计机构及工作组织

D. 主要管理人员的经验和品性

7. 会计师事务所在签署审计业务约定书前,应评价自身的胜任能力,其内容包括(　　　　)。

A. 评价执行审计的能力　　　　　　B. 评价审计的独立性

C. 评价保持应有的谨慎能力　　　　D. 评价会计师事务所的质量控制情况

8. 审计业务约定书应明确审计收费的(　　　　)。

A. 计费依据　　　B. 计费标准　　　C. 付费方式　　　D. 付费时间

9. 在审计实务中,注册会计师获取信息的来源主要包括(　　　　)。

A. 银行、监管机构　　　　　　　　B. 前任注册会计师

C. 市场监督管理部门　　　　　　　D. 外部调查机构

10. 会计师事务所承接审计业务,应当重点考虑(　　　　)等自身因素。

A. 独立性　　　　　　　　　　　　B. 专业胜任能力

C. 廉洁性　　　　　　　　　　　　D. 被审计单位管理当局品行

11. 会计师事务所在承接审计业务时,与委托人签订审计业务约定书之前,首先应考虑(　　　　)。

A. 评价专业胜任能力

B. 评价审计重要性

C. 评价独立性

D. 评价被审计单位的治理层、管理层是否诚信

12. 下列关于初步业务活动的说法中,错误的有(　　　　)。

A. 注册会计师签订审计业务约定书后,开展初步业务活动

B. 开展初步审计业务时需要与客户就审计业务约定条款达成一致意见

C. 开展初步业务活动以确定与被审计单位之间不存在对业务约定条款的误解

D. 开展初步业务活动以确保注册会计师将对客户的商业机密保密

13. 下列各项中,属于会计师事务所在执行客户接受与保持程序时应当获取相关信息的有(　　　　)。

A. 具有执行业务必要的素质和专业胜任能力

B. 没有信息表明客户缺乏诚信

C. 能够遵守相关职业道德要求

D. 具有执行业务必要的时间和资源

四、案例分析题

湖南仲桥会计师事务所接受 A 公司委托，预计将在 2023 年 1 月 15 日到 3 月 15 日完成对该公司 2022 年度财务报表的审计。双方约定：

（1）在 2023 年 1 月 20 日前，A 公司需要提供审计所需要的全部资料，把三楼会议室作为审计组的办公场所。

（2）湖南仲桥会计师事务所在 2023 年 3 月 18 日提交审计报告，审计工作结束后，注册会计师要对在审计过程中获知的信息保密，并针对 A 公司内部控制及其他情况向 A 公司提交管理建议书。

（3）审计收费以实际参加本项审计业务的各级别工作人员所花费的时间为基础计算，预计为 180 万元人民币；与审计有关的其他费用（交通费、食宿费等）由 A 公司承担。

（4）A 公司要恰当使用审计报告。

（5）如果出现不可预见的情况，影响审计工作的按期完成，双方均可要求变更约定事项，由双方协商解决。

（6）如果出现违约，双方要按照《中华人民共和国民法典》中有关合同条款的规定承担违约责任。

要求：请根据上述的材料撰写审计业务约定书。

项目三　编制审计计划

学 习 指 导

一、学习目的与要求

通过本项目的学习,熟悉总体审计策略和具体审计计划的内容和编制流程,掌握财务报表审计的总体目标和具体审计目标的内容,理解审计方法的概念和分类,掌握审计程序的定义和种类,掌握审计风险的组成要素及相互关系,理解审计重要性的含义、重要性水平的确定及其与审计风险的关系,熟悉审计证据的含义、特征与分类,掌握收集审计证据的方式,熟悉审计工作底稿的编制、复核和归档的要点。

二、学习要点

1. 总体审计策略和具体审计计划的内容
2. 管理层认定与审计目标
3. 审计方法与审计程序
4. 审计重要性与审计风险
5. 审计证据与审计工作底稿

3-1
发生、存在、
完整性认定
区分
(知识卡片)

三、重难点问题

1. 总体审计策略和具体审计计划的关系
2. 财务报表审计的总体目标及具体审计目标的内容
3. 审计重要性水平的确定及其与审计风险的关系
4. 获取审计证据的具体方法
5. 审计工作底稿的编制与复核

习 题 与 实 训

一、判断题

1. 总体审计策略的详细程度根据被审计单位的规模及该项审计业务的复杂程度的不同而变化。　　　　　　　　　　　　　　　　　　　　　　　　　　　（　　）

2. 具体审计计划比总体审计策略更加详细。　　　　　　　　　　　　（　　）

3. 审计计划一旦制订,在执行中就不得作任何修改。　　　　　　　　（　　）

4. 具体审计计划用以确定审计范围、时间和方向,并指导确立总体审计策略。（　　）

5. 除了项目负责人,项目组其他成员都不应当参与计划审计工作,以免对计划过程的效率和效果产生不利影响。　　　　　　　　　　　　　　　　　　　（　　）

6. 为了防止审计程序被管理层或治理层预见,注册会计师不可以同被审计单位的治理层与管理层就计划审计工作进行沟通。　　　　　　　　　　　　　　　　　（　　）

7. 管理层认定只是对财务报表各组成要素的确认、计量、列报和披露作出的明确表达。
　　　　　　　　　　　　　　　　　　　　　　　　　　　　　　　　（　　）

8. 发生认定可能存在的问题是漏记交易(低估)。　　　　　　　　　　（　　）

9. 完整性认定可能存在的问题是把那些未曾发生的项目归入财务报表,它主要与对财务报表组成要素的高估有关。　　　　　　　　　　　　　　　　　　　　（　　）

10. 若已入账的销售交易是对正确发出商品的记录,但金额计算错误,则这属于准确性认定错报,而发生认定没有错报。　　　　　　　　　　　　　　　　　　　（　　）

11. 如果本期交易推到下期记录,属于截止认定错报。　　　　　　　　（　　）

12. 披露存货的主要类别,是为了增强报表的准确性。　　　　　　　　（　　）

13. 由分类认定推导出的审计目标是确认接近于资产负债日的交易是否记录于恰当的期间。　　　　　　　　　　　　　　　　　　　　　　　　　　　　　　　（　　）

14. 由完整性认定推导出的审计目标是确认已记录的交易是否真实。　　（　　）

15. 审计方法随着审计环境的变化而调整。　　　　　　　　　　　　　（　　）

16. 虽然每个被审计单位的业务性质和规模都不同,但其业务循环的划分应该一样。（　　）

17. 检查记录或文件仅是对以纸质形式存在的记录或文件进行审查。　　（　　）

18. 检查有形资产的方法大多数情况下适用于库存现金和存货、固定资产,不适用于有价证券。　　　　　　　　　　　　　　　　　　　　　　　　　　　　　　（　　）

19. 重新执行是指注册会计师查看相关人员正在从事的活动或执行的程序。（　　）

20. 通过询问可以从被审计单位获得大量的证据,而且可以作为结论性证据。（　　）

21. 正因为函证来自独立于被审计单位的第三方,所以它受到高度重视并被经常使用。
　　　　　　　　　　　　　　　　　　　　　　　　　　　　　　　　（　　）

22. 消极式函证是指要求被询证者在所有情况下都必须回函,确认询证函所列示信息是否正确,或填列询证函要求的信息。　　　　　　　　　　　　　　　　　　（　　）

23. 注册会计师可采用积极或消极的方式实施函证,也可将两种方式结合使用。（　　）

24. 分析程序只能用于风险评估,不能用于直接识别重大错报。　　　　（　　）

25. 注册会计师可以通过调高重要性来降低审计风险,因为重要性是注册会计师职业判断的结果。　　　　　　　　　　　　　　　　　　　　　　　　　　　　　（　　）

26. 理解和运用重要性需要站在被审计单位管理层的视角去判断。　　　（　　）

27. 为了将财务报表中未更正和未发现错报的汇总数超过财务报表整体的重要性的可能性降到适当的低水平,实际执行的审计重要性应高于财务报表整体的重要性。（　　）

28. 注册会计师可以同被审计单位就总体审计计划进行讨论,并协调工作,因此审计计划可以由注册会计师同被审计单位共同编制。　　　　　　　　　　　　　　　（　　）

29. 注册会计师在审计过程中必须按审计计划执行审计业务,并随时根据具体情况修订和补充审计计划,但在完成外勤审计工作后就不必再对审计计划作修订了。　　（　　）

30. 注册会计师编制具体审计计划时需要确定重要性水平。　　　　　（　　）

31. 财务报表项目的性质不同,在财务报表中其被错报、漏报的风险也不一样。　（　　）

32. 为节省审计成本,注册会计师可以将与高信赖程度内部控制相关的账户余额或交易的重要性水平定得低一些。　　　　　（　　）

33. 不同的注册会计师对同一会计报表的重要性判断是一样的。　　（　　）

34. 财务报表整体的重要性水平等于各账户余额重要性水平之和。　（　　）

35. 权利与义务认定主要与利润表的审计有关。　　　　　（　　）

36. 无论是顺查法还是逆查法,都要运用到检查程序。　　　　（　　）

37. 抽查法适用于审查规模较小、业务少的单位。　　　　　（　　）

38. 现代审计已建立和运用完善的抽样技术,因此详查法已不再适用。　（　　）

39. 甲公司于 2022 年 12 月 31 日向 B 公司发出商品 100 万元,2023 年 1 月 4 日办妥托收手续,甲公司在发出商品时已确认收入。甲公司的做法违反了完整性认定。（　　）

40. 注册会计师应当详细运用各类交易和事项、期末账户余额、期末列报认定,作为评估重大错报风险以及实施进一步审计程序的基础。　　　　（　　）

41. 存在和完整性认定目标强调的是审计中关注的相反的两个方面,存在认定与交易和事项的真实性有关,而完整性认定则与未记录的交易和事项相关。　（　　）

42. 实际审计风险水平与收集的审计证据数量是同向变动的。　　（　　）

43. 某公司将 2022 年度的管理费用列入 2023 年度的财务报表,则其 2022 年度财务报表违背了完整性认定。　　　　　（　　）

44. 重大错报风险包括财务报表层次和各类交易、账户余额以及列报和披露认定层次的重大错报风险。　　　　　（　　）

45. 注册会计师对于直接从被审计单位获取的有关合同、章程等重要文件,如形成审计工作底稿,必须自行复印,并将复印件与原件相核对。　　　（　　）

46. 审计人员所获取的每一个审计证据都要通过审计工作底稿加以记载。　（　　）

47. 询问是指审计人员仅以口头方式,向被审计单位内部或外部的知情人员获取财务信息和非财务信息,并对答复进行评价的过程。　　　（　　）

48. 由审计人员编制的审计工作底稿所有权属于该审计人员。　　（　　）

49. 会计师事务所根据审计准则的规定,保证审计工作底稿的完整性,并安全保管审计工作底稿,对审计工作底稿保密。　　　　　（　　）

50. 如果财务报表中的某项错报足以影响财务报表使用者依据财务报表作出的经济决策,则该项错报就是重大的。　　　　　（　　）

51. 审计重要性是客观存在的,因此,注册会计师不应运用职业判断来确定重要性水平。
　　　　　（　　）

52. 注册会计师发表无保留意见就意味着被审计单位的财务报表没有错报。（　　）

53. 审计重要性在计划阶段初步确定后,就不应再变动,以保证审计工作的稳定。（　　）

54. 小额错报即使经常发生,对财务报表的累计影响也不可能重大。（　　）

55. 实际审计风险水平与收集的审计证据数量呈现反向变动关系。（　　）

56. 审计风险与合理保证之和等于 100%。如果注册会计师将审计风险降到可接受的低水平,则对财务报表不存在重大错报获取了合理保证。　　　（　　）

57. 审计工作底稿因为都标注了审计项目名称,所以无须编号。　（　　）

58. 审计证据只包括财务报表依据的会计记录所含有的信息。（　　）

59. 监盘存货形成的存货盘点表能够证明存货的存在,但却不能证明存货的所有权、价值和分类。（　　）

60. 询问形成的口头证据并不能独立证明被审计事项的真相,但往往能够提供重要的审计线索。（　　）

61. 如果审计证据获取难、成本高,则可减少不可替代的审计程序。（　　）

62. 审计证据要满足充分性,因此,审计证据的数量越多越好。（　　）

63. 如果审计证据不可靠,审计证据数量再多也不具有证明作用。（　　）

64. 审计工作底稿必须由编制人和复核人签章。（　　）

65. 会计师事务所在任何情况下都不得对外泄露审计档案所涉及的商业秘密等有关内容。（　　）

66. 审计工作底稿是审计证据的载体。（　　）

67. 计划审计工作是一个持续的、不断修正的过程,贯穿整个审计业务的始终。（　　）

68. 一般而言,财务报表使用者十分关心流动性较高的项目,但是基于成本效益原则,审计人员应当从宽确定重要性水平。（　　）

69. 审计人员在考虑错报重要性时,只有数量和性质两个方面都重要了,才可以说该错报是重要的。（　　）

70. 分析程序是指审计人员通过研究不同财务数据之间以及财务数据与非财务数据之间的内在关系,对财务信息作出评价。（　　）

二、单项选择题

1. "凡事预则立,不预则废",这句话在审计工作中体现在(　　)上。
A. 审计计划
B. 审计业务约定书
C. 审计准则
D. 审计工作底稿

2. (　　)是指注册会计师为了高效地完成某项审计业务、达到预期审计目标而对审计工作进行的安排。
A. 审计计划
B. 审计业务约定书
C. 审计准则
D. 审计工作底稿

3. 编制与实施(　　),并对其执行情况进行检查,可以保证审计工作有效进行,有利于合理利用审计资源。
A. 审计计划
B. 审计业务约定书
C. 审计准则
D. 审计程序

4. (　　)用以确定审计范围、时间和方向。
A. 总体审计策略
B. 审计业务约定书
C. 审计依据
D. 具体审计计划

5. (　　)是依据总体审计策略制订的,比总体审计策略更加详细。
A. 审计业务约定书
B. 具体审计计划
C. 审计准则
D. 审计工作底稿

6. 具体审计计划不包括(　　)。
A. 计划实施的风险评估程序
B. 计划实施的进一步审计程序
C. 计划实施的其他审计程序
D. 向具体审计领域调配的资源

7. 下列各项中,不属于总体审计策略的是(　　)。
A. 计划实施的风险评估程序
B. 向具体审计领域分配资源的数量
C. 何时向具体审计领域调配资源
D. 向具体审计领域调配的资源

3

8. 下列说法中,正确的是( )。

A. 注册会计师不可以同被审计单位治理层、管理层就计划审计工作的某些情况进行沟通

B. 审计计划可以交由被审计单位管理层制订

C. 审计计划的修正、更新贯穿整个审计过程

D. 总体审计策略与具体审计计划制订过程是完全孤立的

9. 所谓( ),是指被审计单位管理层对财务报表各组成要素的确认、计量、列报和披露作出的明确或隐含的表达。

A. 认定   B. 管理层责任   C. 治理层责任   D. 审计目标

10. 最有可能出现( )错报的交易是资产负债表日前后的交易。

A. 发生   B. 截止   C. 准确性   D. 分类

11. 如果将应资本化的借款利息计入财务费用,则属于( )认定错报。

A. 发生   B. 分类   C. 准确性   D. 可理解性

12. 如果把下期交易提前到本期记录,属于( )认定错报。

A. 发生   B. 完整性   C. 截止   D. 计价和分摊

13. 作为财务报表审计目标,( )是指被审计单位财务报表是否按照适用的财务报告编制基础编制。

A. 合法性   B. 公允性   C. 一贯性   D. 认定

14. 作为财务报表审计目标,( )是指被审计单位的财务报表是否在所有重大方面公允反映其财务状况、经营成果和现金流量。

A. 合法性   B. 公允性   C. 一贯性   D. 认定

15. 由准确性认定推导出的审计目标( )是确认已记录的交易是否按正确金额反映。

A. 发生   B. 分类   C. 完整性   D. 准确性

16. 如果不存在某客户的应收账款,在应收账款明细表中却列入了对该客户的应收账款,则属于( )认定错报。

A. 存在   B. 完整性   C. 分类   D. 截止

17. 分类目标是由管理层关于( )认定推导得出。

A. 存在   B. 完整性

C. 准确性、计价和分摊   D. 分类

18. 审计意见旨在提高被审计单位( )的可信赖程度。

A. 财务报表   B. 持续经营能力

C. 管理层经营效率   D. 管理层经营效果

19. 在实务中,对存货等常用的( )是一项复合程序,是观察程序和检查程序的结合运用,其中检查程序包括检查相关记录或文件和检查有形资产。

A. 询问   B. 控制测试   C. 监盘   D. 风险评估

20. 报表项目法是按( )来组织财务报表审计的方法。

A. 财务报表项目   B. 业务循环   C. 内部控制   D. 重大错报风险

21. ( )是指注册会计师为了获取影响财务报表或相关披露认定的项目的信息,通过直接来自第三方的对有关信息和现存状况的声明,获取和评价审计证据的过程。

A. 询问   B. 检查记录或文件   C. 函证   D. 观察

22. 下列项目中,不适用函证的是( )。

A. 银行存款   B. 库存现金

C. 由其他单位代为保管、加工或销售的存货   D. 应收账款

23. 下列选项中,不适用分析程序的项目是( )。

A. 主营业务收入的完整性   B. 管理费用的真实性

C. 应收账款的合理性   D. 存货内部控制的有效性

24. ( )是指注册会计师对被审计单位内部或外部生成的,以纸质、电子或其他介质形式存在的记录或文件进行审查。

A. 函证   B. 询问   C. 检查记录或文件   D. 重新计算

25. ( )是指注册会计师以书面或口头方式,向被审计单位内部或外部的知情人员获取财务信息和非财务信息,并对答复进行评价的过程。

A. 函证   B. 询问   C. 分析程序   D. 观察

26. ( )是指注册会计师对被审计单位重要的比率或趋势进行分析以获取审计证据的方法。

A. 计算   B. 检查   C. 分析程序   D. 比较

27. 把紧密相连的报表项目及涉及的交易和账户归入同一业务循环,然后按业务循环来组织财务报表审计的方法称为( )。

A. 逆查法   B. 报表项目法   C. 顺查法   D. 业务循环法

28. ( )是指注册会计师对存货等资产实物进行审查。

A. 检查记录或文件   B. 检查有形资产

C. 函证   D. 观察

29. 理解和运用重要性要站在( )的视角去判断。

A. 被审计单位管理层   B. 财务报表使用者

C. 注册会计师   D. 被审计单位全体员工

30. 在某些情况下,特定类别的交易、账户余额或披露,所发生的错报金额虽然低于财务报表整体的重要性,但是仍然可能影响财务报表使用者依据财务报表作出的经济决策。此时,需要根据被审计单位的特定情况,确定( )。

A. 财务报表整体重要性

B. 资产负债表重要性

C. 特定类别的交易、账户余额或披露重要性

D. 实际执行的重要性

31. ( )是指被审计单位的财务报表存在重大错报,而注册会计师审计后发表不恰当审计意见的可能性。

A. 审计风险   B. 重大错报风险   C. 检查风险   D. 审计重要性

32. 不同的注册会计师在确定同一被审计单位同一时期的重要性时,得出的结果可能不同。这体现了注册会计师在确定重要性时需要运用( )。

A. 分析程序   B. 职业判断

C. 实际执行的重要性   D. 独立性

33. 在特定审计风险水平下,检查风险同重大错报风险之间的关系是( )。

A. 同向变动关系   B. 反向变动关系

C. 有时同向变动,有时反向变动   D. 没有确切的关系

34. 注册会计师对重大错报风险的估计水平与所需审计证据数量之间(　　)。

A. 呈同向变动关系　　　　　　　　B. 呈反向变动关系

C. 呈比例变化关系　　　　　　　　D. 不存在关系

35. 审计重要性与审计风险之间(　　)。

A. 呈同向变动关系　　　　　　　　B. 呈反向变动关系

C. 呈比例变化关系　　　　　　　　D. 不存在关系

36. (　　)是指注册会计师在审计过程中发现的、能够具体识别的错报。

A. 已识别错报　　　　　　　　　　B. 推断错报

C. 会计核算差异　　　　　　　　　D. 重分类差异

37. (　　)是指某一认定存在重大错报,但注册会计师没有发现这种错报的可能性。

A. 审计风险　　　　　　　　　　　B. 检查风险

C. 重大错报风险　　　　　　　　　D. 被审计单位经营风险

38. (　　)是指财务报表在审计前存在重大错报的可能性。

A. 审计风险　　　　　　　　　　　B. 检查风险

C. 重大错报风险　　　　　　　　　D. 被审计单位经营风险

39. (　　)是注册会计师为了得出审计结论、形成审计意见而使用的所有信息,包括财务报表所依据的会计记录中含有的信息和其他信息。

A. 审计工作底稿　　B. 审计证据　　　C. 审计准则　　　D. 审计标准

40. 审计证据的(　　)是指审计证据的数量能足以支持审计意见。

A. 客观性　　　　　B. 相关性　　　　C. 充分性　　　　D. 可靠性

41. 在获取的下列审计证据中,可靠性最强的是(　　)。

A. ABC 公司连续编号的采购订单　　B. ABC 公司编制的成本分配计算表

C. ABC 公司提供的银行对账单　　　D. ABC 公司管理层提供的声明书

42. 审计证据的相关性是指审计证据应与(　　)相关。

A. 审计工作底稿　　B. 审计目标　　　C. 审计标准　　　D. 审计准则

43. 收集(　　)是审计工作的核心。

A. 审计证据　　　　B. 审计工作底稿　C. 审计计划　　　D. 审计标准

44. 审计工作底稿的所有权属于(　　)。

A. 会计师事务所　　　　　　　　　B. 签字的注册会计师

C. 被审计单位　　　　　　　　　　D. 审计委托人

45. 下列关于审计工作底稿的表述中,正确的是(　　)。

A. 审计工作底稿只能由注册会计师亲自编制,不可从被审计单位获取

B. 向委托人提交审计报告后,审计工作底稿可以立即销毁

C. 审计工作底稿是审计证据的载体

D. 由资深的注册会计师编制的审计工作底稿不必进行复核

46. 对审计工作底稿负有复核责任的是(　　)。

A. 项目负责人　　　　　　　　　　B. 项目组内除项目负责人以外的复核人

C. 项目组外的项目质量控制复核人　D. 被审计单位管理层

47. 审计工作底稿自审计报告日起,至少保存(　　)年。

A. 5　　　　　　　　B. 10　　　　　　C. 20　　　　　　D. 50

48. 下列关于计划审计工作的说法中,正确的是(   )。

A. 计划审计工作前需要充分了解被审计单位及其工作环境,一旦确定,无须进行修改

B. 计划审计工作通常由项目组中工作经验较多的人完成,项目合伙人审核批准

C. 小型被审计单位可以不确定总体审计策略

D. 项目合伙人和项目组中其他关键成员应当参与审计工作

49. 总体审计策略的详略程度取决于(   )。

A. 初步业务活动的结果

B. 审计业务的特征

C. 为被审计单位提供其他服务时所获得的经验

D. 被审计单位规模及该审计业务的复杂程度

50. 审计人员审查 A 公司销售收入时发现,12 月份账上某笔销售收入为 1 000 000 元,通过检查该笔销货凭证,证实该笔实际销售额为 100 000 元。那么,审计人员首先认为管理层对营业收入账户的(   )认定存在问题。

A. 发生   B. 完整性   C. 准确性   D. 权利和义务

51. 为了获取有关控制风险的证据,审计人员通常选择的程序是(   )。

A. 分析程序   B. 函证   C. 检查   D. 计算

52. 下列审计程序中,不属于分析程序的是(   )。

A. 根据增值税申报表估算全年主营业务收入

B. 分析样本误差后,根据抽样发现的误差推断审计对象总体误差

C. 将购入的存货数量与耗用或销售的存货数量进行比较

D. 将关联方交易与非关联方交易的价格、毛利率进行对比,判断关联方交易的总体合理性

53. 审计人员在确定财务报表整体的重要性时,在选择百分比时不需要考虑的是(   )。

A. 百分比与基准的关系   B. 被审计单位所处的生命周期阶段

C. 与具体项目计量相关的固有不确定性   D. 报表使用者特别关注的项目

54. 重要性取决于在具体环境下对错报金额和性质的判断,下列关于重要性的理解中,不正确的是(   )。

A. 重要性的确定离不开具体环境

B. 重要性包括对数量和性质两个方面的考虑

C. 重要性概念是针对管理层决策的信息需求而言的

D. 对重要性的评估需要运用职业判断

55. 下列关于重要性、审计风险和审计证据的说法中,不正确的是(   )。

A. 重要性和客观存在的审计风险之间存在反向变动关系

B. 重要性和审计证据的数量之间存在反向变动关系

C. 可接受的审计风险与审计证据的数量之间存在反向变动关系

D. 审计人员可以通过调高重要性水平来降低审计风险

56. 在既定的审计风险水平下,下列表述中,错误的是(   )。

A. 评估的认定层次重大错报风险越低,可接受的检查风险越高

B. 可接受的检查风险与认定层次重大错报风险的评估结果呈正向关系

C. 评估的认定层次重大错报风险越高,可接受的检查风险越低

D. 可接受的检查风险与认定层次重大错报风险的评估结果呈反向关系

57. 下列关于财务报表层次重大错报风险的说法中,不正确的是(　　)。

A. 通常与控制环境有关

B. 与财务报表整体存在广泛联系

C. 可能影响多项认定

D. 可以界定于某类交易的账户余额和披露的具体认定

58. 在对资产存在认定获取审计证据时,正确的测试方式是(　　)。

A. 从财务报表到尚未记录的项目　　　　B. 从尚未记录的项目到财务报表

C. 从会计记录到支持性证据　　　　　　D. 从支持性证据到会计记录

59. 审计人员为了验证甲公司"应收账款——A公司300万元"存在的认定,在获取的下列以文件形式记录的证据中,证明力最强的是(　　)。

A. 销售发票　　　　　　　　　　　　　B. 甲公司提供的月末与A公司对账的回单

C. 产品出库单　　　　　　　　　　　　D. 对A公司应收账款函证的回函

60. 下列关于审计工作底稿归档的表述中,正确的是(　　)。

A. 审计工作底稿的归档工作是业务性工作

B. 针对客户的同一财务信息执行不同委托业务,可将其归整为一份审计档案

C. 审计工作完成后,应于审计报告日后60天内归档

D. 未完成审计工作的,应于审计业务中止后90天内归档

61. 审计计划应由(　　)编制。

A. 会计师事务所　　　　　　　　　　　B. 审计项目负责人

C. 审计项目组成员　　　　　　　　　　D. 被审计单位负责人

62. 下列关于具体审计计划的说法中,错误的是(　　)。

A. 具体审计计划一经制订,不能更改

B. 计划的进一步审计程序包括控制测试和实质性程序

C. 注册会计师执行风险评估程序以识别和评估被审计单位的重大错报风险

D. 计划审计工作并非审计业务的孤立阶段,而是一个持续的、不断修正的过程

63. 下列关于具体审计计划的说法中,错误的是(　　)。

A. 具体审计计划包括风险评估程序、计划实施的进一步审计程序和其他审计程序

B. 对审计程序的计划贯穿于整个审计过程

C. 计划风险评估程序通常在审计开始阶段进行

D. 具体审计计划包括对审计范围的考虑

64. 下列各项中,属于具体审计计划核心的是(　　)。

A. 确定重要性

B. 确定审计程序的性质、时间安排和范围

C. 确定对项目组成员的指导、监督与复核的性质、时间安排和范围

D. 确定项目组人员和工作分工

65. 下列各项中,属于具体审计计划活动的是(　　)。

A. 确定向高风险领域分派的项目组成员和分配的审计时间预算

B. 确定组成部分的重要性水平且与组成部分注册会计师沟通

C. 确定项目组成员之间沟通的预期性质和时间安排

D. 确定进一步审计程序的总体方案

66. 下列各项中,( )违反了权利和义务认定。

A. 已发生的销售业务未登记入账

B. 将未发生的销售业务登记入账

C. 待摊费用摊销期限不恰当

D. 未将作为抵押物的存货披露

67. 注册会计师在审计时发现,被审计单位未将其一年内到期的长期负债在流动负债项目中单独列示,注册会计师对该项目审计目标的相关认定是( )。

A. 存在 B. 完整性 C. 分类 D. 列报

68. 下列属于注册会计师应主要审查营业收入的截止目标的情况是( )。

A. 将未发生的销售登记入账

B. 已发生的销售业务未登记入账

C. 将下年度收入列入本期

D. 将利息收入列入营业收入

69. 甲企业是一个盈利水平比较稳定的企业,注册会计师在审计甲企业确定重要性时,通常选择的基准是( )。

A. 经常性业务的税前利润 B. 总资产

C. 营业收入 D. 净资产

70. 下列有关财务报表整体的重要性的说法中,错误的是( )。

A. 注册会计师应当从定性和定量两个方面考虑财务报表整体的重要性

B. 财务报表的审计风险越高,财务报表整体的重要性金额越高

C. 财务报表整体的重要性可能需要在审计过程中作出修改

D. 注册会计师应当在制订总体审计策略时确定财务报表整体的重要性

71. 下列情形中,注册会计师通常采用较高的百分比确定实际执行的重要性的是( )。

A. 以前期间的审计经验表明被审计单位的内部控制运行有效

B. 注册会计师首次接受委托

C. 被审计单位面临较大的市场竞争压力

D. 被审计单位管理层能力欠缺

72. 下列关于审计风险的说法中,正确的是( )。

A. 审计风险与审计过程相关,也是注册会计师执行业务的法律后果

B. 审计风险取决于重大错报风险和检查风险

C. 在既定的重大错报风险下,审计风险和检查风险成反比

D. 可接受的审计风险越大,重要性水平越低

73. 关于可接受的检查风险水平与评估的认定层次重大错报风险之间的关系,下列说法中正确的是( )。

A. 在既定的审计风险水平下,两者存在反向变动关系

B. 在既定的审计风险水平下,两者存在正向变动关系

C. 在既定的审计风险水平下,两者之和等于100%

D. 在既定的审计风险水平下,两者没有关系

74. 下列情形中,通常表明存在财务报表层次重大错报风险的是( )。

A. 被审计单位的竞争者开发的新产品上市

B. 被审计单位从事复杂的金融工具投资

C. 被审计单位资产的流动性出现问题

D. 被审计单位存在重大的关联方

75. 下列有关审计风险模型中相关风险的说法中,正确的是(　　)。

A. 审计风险指注册会计师因执行业务不当而导致损失的可能性

B. 注册会计师应当考虑作出的职业判断能否有效降低重大错报风险

C. 检查风险取决于审计程序设计的合理性和执行的有效性

D. 在既定的重大错报风险下,审计风险与检查风险呈同向变动关系

76. 下列有关审计风险的表述中,正确的是(　　)。

A. 在既定的审计风险水平下,注册会计师应当实施审计程序,将重大错报风险降至可接受的低水平

B. 注册会计师应当合理设计审计程序的性质、时间和范围,并有效执行审计程序,以控制重大错报风险

C. 注册会计师应当合理设计审计程序的性质、时间和范围,并有效执行审计程序,以消除检查风险

D. 注册会计师应当获取认定层次充分、适当的审计证据,以便在完成审计工作时,能够以可接受的低审计风险对财务报表整体发表意见

77. 下列有关重大错报风险的说法,错误的是(　　)。

A. 重大错报风险是指财务报表在审计前存在重大错报的可能性

B. 重大错报风险可进一步细分为固有风险和检查风险

C. 注册会计师应当从财务报表层次和认定层次共同考虑重大错报风险

D. 注册会计师可以定性或定量评估重大错报风险

78. 下列关于重大错报风险的说法中,错误的是(　　)。

A. 重大错报风险是指如果存在某一错报,该错报单独或连同其他错报可能是重大的,注册会计师为将审计风险降至可接受的低水平而实施程序后没有发现这种错报的风险

B. 重大错报风险包括财务报表层次和各类交易、账户余额以及列报和披露认定层次的重大错报风险

C. 财务报表层次的重大错报风险可能影响多项认定,此类风险通常与控制环境有关,但也可能与其他因素有关

D. 认定层次的重大错报风险可以进一步细分为固有风险和控制风险

79. 审计人员在审计中收集到下列审计证据,其中证明力最弱的是(　　)。

A. 向债务人进行函证所收回的回函

B. 监盘存货的盘点表

C. 银行对账单

D. 被审计单位应收账款总账及其明细账

80. 在确定审计证据的数量时,下列表述中错误的是(　　)。

A. 重大错报风险越高,需要的审计证据可能越多

B. 审计证据质量越高,需要的审计证据可能越少

C. 审计证据的质量存在缺陷,可能无法通过获取更多的审计证据予以弥补

D. 通过调高重要性水平,可以降低所需获取的审计证据的数量

81. 下列有关审计证据质量的说法中,错误的是( )。

A. 审计证据的适当性是对审计证据质量的衡量

B. 审计证据的质量与审计证据的相关性和可靠性有关

C. 注册会计师可以通过获取更多的审计证据弥补审计证据质量的缺陷

D. 在既定的重大错报风险水平下,需要获取的审计证据的数量受审计证据质量的影响

82. 实物证据通常用来证明( )。

A. 实物资产的所有权
B. 实物资产的计价准确性

C. 实物资产的存在
D. 有关会计记录的正确性

83. 审计人员通常对应收账款余额或银行存款余额进行测试时,最常用的程序是( )。

A. 检查文件或记录
B. 函证

C. 重新执行
D. 观察

84. ( )是指注册会计师通过研究不同财务数据之间以及财务数据与非财务数据之间的内在关系,对财务信息作出评价。

A. 计算
B. 检查

C. 分析程序
D. 比较

85. 按照审计工作底稿相关准则的规定,对于审计档案,没有特殊情况的会计师事务所应自( )起至少保存10年。

A. 审计报告日
B. 审计报告定稿日

C. 财务报表公布日
D. 后续审计中止日

三、多项选择题

1. 在确定审计工作方向时,注册会计师要考虑的事项包括( )。

A. 确定适当的重要性水平

B. 识别重大错报风险较高的审计领域

C. 识别重要账户余额

D. 识别影响被审计单位经营的重大发展变化

2. 注册会计师应当在总体审计策略中清楚说明的内容包括( )。

A. 向具体审计领域调配的资源
B. 向具体审计领域分配资源的数量

C. 何时调配资源
D. 如何管理、指导、监督资源的利用

3. 在确定总体审计策略时,注册会计师应考虑的事项包括( )。

A. 审计工作范围
B. 审计业务时间安排

C. 审计工作方向
D. 风险评估程序

4. ( )都应当参与计划审计工作,利用其经验和见解,提高计划过程的效率和效果。

A. 项目负责人
B. 项目组其他关键成员

C. 被审计单位管理层
D. 被审计单位治理层

5. 具体审计计划的主要内容有( )。

A. 项目组成员的分工
B. 风险评估程序

C. 计划实施的进一步审计程序
D. 计划其他审计程序

6. 审计计划可分为( )。

A. 总体审计策略　　　　　　　　B. 具体审计计划

C. 审计工作底稿　　　　　　　　D. 审计业务约定书

7. 注册会计师财务报表审计总体目标是注册会计师对财务报表整体是否不存在舞弊或错误导致的重大错报获取合理保证,使得注册会计师对财务报表的(　　　　)发表审计意见。

A. 合法性　　　　　　　　　　　B. 公允性

C. 重大错报风险　　　　　　　　D. 重要性水平

8. 某公司 2022 年 12 月 31 日资产负债表流动资产项下列示存货 1 000 000 万元,则明确的认定包括(　　　　)。

A. 记录的存货是存在的

B. 记录的存货的正确余额是 1 000 000 万元

C. 所有应列报的存货都列示于财务报表中

D. 记录的存货全部为本公司所拥有或控制

9. 某公司 2022 年 12 月 31 日资产负债表流动资产项下列示货币资金 2 000 000 万元,则隐含的认定包括(　　　　)。

A. 记录的货币资金是存在的

B. 记录的货币资金全部为本公司拥有

C. 所有应列报的货币资金都列示于财务报表中

D. 全部货币资金的使用不受任何限制

10. 审计目标分为(　　　　)两个层次。

A. 审计总体目标　　　　　　　　B. 报表层次审计目标

C. 审计具体目标　　　　　　　　D. 认定层次审计目标

11. 一般说来,审计具体目标必须根据(　　　　)来确定。

A. 审计总体目标　　　　　　　　B. 被审计单位管理层认定

C. 审计准则　　　　　　　　　　D. 审计范围

12. 下列属于各类交易和事项的认定有(　　　　)。

A. 发生　　　　B. 权利和义务　　　　C. 完整性　　　　D. 截止

13. 下列属于期末账户余额的认定有(　　　　)。

A. 存在　　　　B. 权利和义务　　　　C. 完整性　　　　D. 准确性、计价和分摊

14. 下列属于交易的分类认定具体运用的有(　　　　)。

A. 应收账款与其他应收款予以明确区分记录

B. 出售固定资产所得收入与营业收入区分记录

C. 将现销与赊销区分记录

D. 财务报表附注分别对原材料、在产品和产成品等存货成本核算方法作了恰当说明

15. 注册会计师通过审计发现的下列情况中,被审计单位没有违反权利和义务认定的有(　　　　)。

A. 将经营租入的设备作为自有固定资产

B. 将融资租入的设备作为自有固定资产

C. 将已出租的专利权作为自有无形资产

D. 将委托代销的商品作为企业的存货

16. 审计程序的目的包括(　　　　)。

A. 风险评估程序　　　B. 控制测试　　　　C. 实质性程序　　　　D. 总体应对措施

17.(　　　　　)是根据取证顺序与会计核算顺序的关系来区分的。

A. 顺查法　　　　　　B. 抽查法　　　　　C. 详查法　　　　　　D. 逆查法

18. 制造企业的业务循环主要包括(　　　　　)。

A. 销售与收款循环　　　　　　　　　　　B. 采购与付款循环

C. 理财循环　　　　　　　　　　　　　　D. 生产与存货循环

19. 下列属于运用观察审计程序的有(　　　　　)。

A. 监督客户执行的存货盘点　　　　　　　B. 对客户的控制活动进行观察

C. 亲自抽点客户的存货　　　　　　　　　D. 对客户的固定资产使用状况进行观察

20. 在实务中,对库存现金、存货等常用的"监盘"是一项复合程序,由(　　　　　)构成。

A. 检查记录或文件　　B. 观察　　　　　　C. 检查有形资产　　　D. 重新执行

21. 检查记录或文件适用于(　　　　　)。

A. 银行存款总账　　　B. 保险柜内的现金　　C. 销售发票记账联　　D. 应收账款明细账

22. 函证的方式有(　　　　　)。

A. 逆查　　　　　　　B. 积极式　　　　　C. 顺查　　　　　　　D. 消极式

23. 下列属于运用重新计算审计程序的有(　　　　　)。

A. 比较本年各月主营业务收入　　　　　　B. 检查应纳税额的计算

C. 计算销售发票和存货的总金额　　　　　D. 重新编制银行存款余额调节表

24. 分析程序常用的方法有(　　　　　)。

A. 趋势分析法　　　　B. 比率分析法　　　C. 回归分析法　　　　D. 函证

25. 分析程序的目的包括(　　　　　)。

A. 用作风险评估程序,识别、评估重大错报风险

B. 用于审计工作结束时对财务报表进行总体复核

C. 用作实质性程序,识别重大错报

D. 确定控制运行的有效性

26. 审计差异按是否需要调整账户记录可分为(　　　　　)。

A. 会计核算错报　　　B. 重分类错报　　　C. 已识别错报　　　　D. 推断错报

27. 注册会计师在运用重要性原则时,应从错报的(　　　　　)两个方面考虑。

A. 行业状况　　　　　B. 内部控制状况　　C. 数量　　　　　　　D. 性质

28.(　　　　　)相对稳定、可预测且能够反映被审计单位正常规模,注册会计师经常将其用作确定财务报表整体重要性的基准。

A. 营业收入　　　　　B. 总资产　　　　　C. 营业外收入　　　　D. 存货

29. 注册会计师应考虑两个层次的重大错报风险,包括(　　　　　)。

A. 财务报表层次　　　B. 认定层次　　　　C. 账簿层次　　　　　D. 凭证层次

30. 在审计过程中,注册会计师可能在(　　　　　)两个方面运用重要性。

A. 确定审计程序的性质、时间和范围　　　B. 签订审计业务约定书

C. 确定审计具体目标　　　　　　　　　　D. 评价错报的影响

31. 审计风险构成要素包括(　　　　　)。

A. 重大错报风险　　　B. 检查风险　　　　C. 审计重要性　　　　D. 合理保证

32. 下列各项中,注册会计师不能改变其实际水平的有(　　　　　)。

A. 重大错报风险　　　B. 检查风险　　　　C. 审计风险　　　D. 审计重要性

33. 下列说法中,正确的有(　　　　)。

A. 注册会计师对审计重要性估计得越高,所需收集的审计证据的数量就越少

B. 注册会计师对审计重要性估计得越高,所需收集的审计证据的数量就越多

C. 在审计风险水平一定的前提下,评估的重大错报风险越低,可接受的检查风险水平就越高

D. 在审计风险水平一定的前提下,评估的重大错报风险越高,可接受的检查风险水平就越高

34. 对于特定被审计单位而言,审计风险和审计证据的关系可以表述为(　　　　)。

A. 要求的审计风险越低,所需的审计证据数量就越多

B. 要求的检查风险越高,所需的审计证据数量就越少

C. 评估的重大错报风险越低,所需的审计证据数量就越少

D. 评估的重大错报风险越高,所需的审计证据数量就越少

35. 审计人员能控制的风险有(　　　　)。

A. 审计风险　　　　B. 检查风险　　　　C. 重大错报风险　　　D. 控制风险

36. 审计工作底稿可以(　　　　)形式存在。

A. 口头　　　　　　B. 纸质　　　　　　C. 电子　　　　　　D. 其他介质

37. 下列说法中,正确的有(　　　　)。

A. 一般来说,外部证据比内部证据更可靠,如银行对账单要比银行存款余额调节表可靠

B. 从原件获取的审计证据比从传真或复印件获取的审计证据更可靠

C. 直接获取的审计证据一定比间接获取或推论得出的审计证据更可靠

D. 以文件、记录形式存在的审计证据比口头形式的审计证据更可靠,如会议的同步书面记录比对讨论事项事后的口头表述更可靠

38. 审计证据按其来源分为(　　　　)。

A. 外部证据　　　　B. 内部证据　　　　C. 亲历证据　　　　D. 其他证据

39. 审计证据的特征有(　　　　)。

A. 充分性　　　　　B. 风险性　　　　　C. 可靠性　　　　　D. 相关性

40. 审计证据的适当性是对审计证据质量的衡量,包括(　　　　)两层含义。

A. 客观性　　　　　B. 相关性　　　　　C. 充分性　　　　　D. 可靠性

41. 下列各项中,属于外部证据的有(　　　　)。

A. 注册会计师编制的固定资产折旧计算表

B. 应收账款函证回函

C. 银行对账单

D. 购货发票

42. 注册会计师编制的审计工作底稿,应当使没有接触过该项审计工作的有经验的专业人士看了后,能清楚地了解该项审计工作内容,具体包括了解(　　　　)。

A. 实施的审计程序的性质、时间和范围　　　B. 实施审计程序的结果

C. 就重大事项得出的结论　　　　　　　　　D. 获取的审计证据

43. 审计证据中会计记录以外的其他信息来源于三个渠道,包括(　　　　)。

A. 从被审计单位内部或外部获取的会计记录以外的信息

B. 通过询问、观察和检查等审计程序获取的信息

C. 注册会计师自身编制或获取的可以通过合理推断得出结论的信息

D. 会计记录中含有的信息

44. 注册会计师编制工作底稿的目的有（　　　　）。

A. 规范注册会计师审计工作

B. 提供充分、适当的记录，作为审计报告的基础

C. 为证明注册会计师是否按照审计准则的规定执行审计工作提供证据

D. 便于对审计工作进行复核，有助于审计工作质量的提高

45. 在制订具体审计计划时，审计人员应考虑的内容包括（　　　　）。

A. 了解仓库收发货物的内部控制程序的安排

B. 计划与治理层就管理层对会计处理沟通的时间

C. 计划向高风险领域分派的项目组成员

D. 存货监盘的时间安排和人员分工

46. 被审计单位的管理层在资产负债表中列报银行存款及其金额，意味着进行了（　　　　）认定。

A. 记录的银行存款是存在的

B. 银行存款以恰当的金额包括在财务报表中

C. 所有应当记录的银行存款均已记录

D. 记录的银行存款都由被审计单位拥有或控制

47. 审计人员可以根据具体情况和实际需要实施函证，下列属于函证内容的有（　　　　）。

A. 交易性金融资产　　　　　　　　　　B. 其他应收款

C. 应收票据　　　　　　　　　　　　　D. 应付账款

48. 下列有关重要性的说法中，不正确的有（　　　　）。

A. 审计人员在对错报的重要性进行考虑时，必须同时考虑数量和性质两个方面，只有数量和性质两方面都重要，才可以说该错报是重要的

B. 为保证计划审计工作的效果，审计计划应由项目合伙人独立完成

C. 一般而言，财务报表使用者十分关心流动性较高的项目，但是基于成本效益原则，审计人员应当从宽确定重要性水平

D. 通常而言，审计人员可以人为调高重要性水平以降低检查风险

49. 下列各项审计证据中，属于来自被审计单位内部证据的有（　　　　）。

A. 被审计单位已对外报送的财务报表

B. 被审计单位提供的银行对账单

C. 被审计单位提供的律师事务所律师关于未决诉讼的声明书

D. 被审计单位管理层声明书

50. 下列有关审计证据的表述中，不正确的有（　　　　）。

A. 经过审计人员检查的文件记录均应视为非常可靠的证据

B. 检查有形资产不仅能够证明实物资产的存在，还能证明其归被审计单位所有

C. 观察提供的审计证据只能证明在观察发生的时点的情况

D. 审计人员通过询问程序也能证明被审计单位内部控制运行的有效性

51. 在确定审计证据的数量时，下列表述中，错误的有（　　　　）。

3

A. 评估的错报风险越大,需要获取的审计证据越多

B. 审计证据质量越高,需要的审计证据可能越少

C. 获取更多的审计证据可以弥补这些审计证据质量上的缺陷

D. 为降低审计风险,调高重要性水平,可以降低所需获取的审计证据的数量

52. 下列关于审计证据充分性和适当性的说法中,正确的有(   )。

A. 审计证据的适当性是对审计证据质量的衡量

B. 审计证据的充分性是对审计证据数量的衡量

C. 审计人员可以依靠获取更多的审计证据来弥补其质量的缺陷

D. 错报风险越大,需要的审计证据可能越多;审计证据质量越高,需要的审计证据可能越少

53. 审计工作底稿是指审计人员对(   )的记录。

A. 制订的审计计划   B. 获取的审计证据

C. 得出的审计结论   D. 实施的审计程序

54. 审计工作底稿通常包括(   )。

A. 审计策略和具体审计计划

B. 分析表、问题备忘录、重大事项概要

C. 询证函回函、管理层声明书、核对表

D. 有关重大事项的往来信件

55. 在制订总体审计策略时,注册会计师需要考虑的内容有(   )。

A. 了解被审计单位的关联方关系及其交易

B. 拟执行控制测试的性质、时间安排和范围

C. 考虑就复杂问题利用专家的工作

D. 与管理层沟通对外报告的时间表

56. 下列各项中,不属于注册会计师在制订具体审计计划时,应当考虑的内容有(   )。

A. 计划实施的风险评估程序的性质、时间和范围

B. 计划与管理层和治理层沟通的日期

C. 计划向高风险领域分派的项目组成员

D. 计划召开项目组会议的时间

57. 下列有关总体审计策略和具体审计计划的说法中,正确的有(   )。

A. 总体审计策略用以指导具体审计计划的制订

B. 总体审计策略通常在具体审计计划之前制订

C. 具体审计计划可能影响甚至改变总体审计策略

D. 具体审计计划比总体审计策略更加详细

58. 注册会计师通过实施"检查外来账单与本单位有关账目的记录是否相符"这一程序,可能证实被审计单位管理层对财务报表的认定有(   )。

A. 存在   B. 完整性

C. 截止   D. 准确性、计价和分摊

59. 下列认定中,与利润表组成要素相关的有(   )。

A. 存在   B. 权利和义务   C. 截止   D. 准确性

60. 在形成审计意见时,注册会计师需要考虑的审计证据有(   )。

A. 所获取信息的缺乏　　　　　　　　B. 所有相关的审计证据

C. 相互印证的审计证据　　　　　　　D. 相互矛盾的审计证据

61. 下列各项中,属于认定层次的重大错报风险的有(　　　　)。

A. 被审计单位应收账款中有大额的预收账款

B. 管理层提前确认了大额的收入

C. 管理层存在诚信问题

D. 关联方交易的情况未在财务报表中披露

62. 下列各项中,通常属于固有风险影响因素的有(　　　　)。

A. 账户余额的计算复杂性　　　　　　B. 会计估计的不确定性

C. 被审计单位的经营风险　　　　　　D. 内部控制的设计和运行有效性

63. 下列有关审计程序的说法中,正确的有(　　　　)。

A. 检查既可以针对文件记录,也可以针对有形资产

B. 分析程序既可以针对财务数据,也可以针对非财务数据

C. 询问既可以采用口头方式,也可以采用书面方式

D. 重新执行既可以针对测试内部控制的有效性,也可以针对数据计算的准确性

64. 观察程序是指审计人员实地观察被审计单位的(　　　　),以获取审计证据的方法。

A. 实物资产　　　　　　　　　　　　B. 经营场所

C. 有关业务活动　　　　　　　　　　D. 内部控制的执行情况

65. 下列各项审计证据中,属于内部证据的有(　　　　)。

A. 被审计单位提供的销售合同　　　　B. 被审计单位提供的供应商开具的发票

C. 被审计单位提供的会计账表　　　　D. 被审计单位的会议记录

66. 如果积极式函证未收到回函,注册会计师的下列处理中,正确的有(　　　　)。

A. 应当考虑与被询证者取得联系,口头沟通

B. 再次寄发询证函

C. 如果与被询证者联系未得到回应,考虑更换选取的函证对象

D. 如果未得到被询证者的回应,考虑实施替代程序

67. 下列有关审计证据可靠性的说法中,正确的有(　　　　)。

A. 会议的同步书面记录比针对讨论事项事后的口头表述更可靠

B. 银行对账单比银行询证函回函可靠

C. 应收账款询证函原件比从传真件获取的可靠

D. 从外部独立来源获取的审计证据一定是可靠的

68. 审计工作底稿,是指审计人员对(　　　　)作出的记录。

A. 实物资产　　　　　　　　　　　　B. 经营场所

C. 有关业务活动　　　　　　　　　　D. 内部控制的执行情况

69. 下列各项中,构成审计工作底稿的有(　　　　)。

A. 审计业务约定书　　　　　　　　　B. 与治理层沟通的会议纪要

C. 未更正错报的汇总表　　　　　　　D. 已被取代的财务报表草稿

70. 下列各项中,通常属于审计工作底稿的要素的有(　　　　)。

A. 审计工作底稿的标题　　　　　　　B. 索引号

C. 编制日期　　　　　　　　　　　　D. 审计工作底稿的信息系统

71. 下列各项中,属于审计工作底稿的要素的有(　　　　　)。

A. 审计工作底稿的标题　　　　　　　B. 审计过程和结论的记录

C. 编制人员和复核人员及日期　　　　D. 审计工作底稿的编号

72. 下列各项中,在完成相关的任务之后,通常需要在每一张审计工作底稿上注明的有(　　　　　)。

A. 审计工作执行人员及完成日期　　　B. 项目组内部复核人员及复核日期

C. 项目质量复核人员及复核日期　　　D. 审计工作底稿归档人员及归档日期

四、实训题

1. 审计人员通常依据各类交易、账户余额和披露相关的认定确定审计目标,根据审计目标设计审计程序。固定资产相关认定如表 3-1 所示。

表 3-1　　　　　　　　　　　　固定资产相关认定

固定资产的相关认定	审 计 目 标	审 计 程 序
存　在		(1) (2)
权利和义务		(1) (2)
完整性		(1) (2)
准确性、计价和分摊		(1) (2)
列　报		(1) (2)

要求:请根据表 3-1 中给出的固定资产的相关认定确定审计目标,并针对每一审计目标简要设计两项审计程序。

2. 审计人员在对红光科技公司进行审计时,发现该公司内部控制制度存在严重缺陷。取得如下审计证据:

(1) 销售发票副本。

(2) 存货监盘过程中获取的信息(不涉及与检查相关的所有权凭证)。

(3) 律师提供的声明书。

(4) 管理层声明书。

(5) 会计记录。

(6) 对行业成本变化趋势的分析。

要求:分析上述证据是否可以信赖,并简要说明理由。

3

3. 注册会计师李达负责审计甲公司 2022 年度财务报表。与审计工作底稿相关的部分事项如下所示:

(1) 李达在具体审计计划中记录拟对固定资产采购与付款循环采用综合性方案,因在控制测试时发现相关控制运行无效,将其改为实质性方案。新编制具体审计计划工作底稿,并替代原具体审计计划工作底稿。

(2) 在归整审计档案时,李达删除了固定资产减值测试审计工作底稿的初稿。

要求:针对上述事项,请判断李达的做法是否恰当。如果不恰当,简要说明理由。

4. 甲公司主要从事小型电子消费品的生产和销售,注册会计师李达负责审计甲公司 2022 年度财务报表。李达了解到甲公司于 2022 年年初完成了部分主要产品的更新换代。由于利用现有主要产品(T 产品)生产线生产的换代产品(S 产品)的市场销售情况良好,甲公司自 2022 年 2 月起大幅减少了 T 产品的生产,并于 2022 年 3 月终止了 T 产品的生产和销售。S 产品和 T 产品的生产所需原材料基本相同,原材料平均价格相比上年上涨约 2%。由于 S 产品的功能更加齐全且设计新颖,其平均售价比 T 产品高约 10%。甲公司存货相关数据如表 3-2 所示。

表 3-2　　　　　　　　　　　甲公司存货相关数据　　　　　　　　　单位:元

项　　目	2022 年未审数			2021 年审定数或已审数		
	S 产品	T 产品	其他产品	S 产品	T 产品	其他产品
营业收入	32 340	3 000	20 440	0	28 500	18 000
营业成本	27 500	2 920	19 800	0	27 200	15 300
存货账面余额	2 340	180	4 440	0	2 030	4 130
减:存货跌价准备	0	0	0	0	0	0
存货账面价值	2 340	180	4 440	0	2 030	4 130

要求:通过分析程序判断甲公司 2022 年相关数据是否存在风险,并与何种认定相关。

5. 仲桥会计师事务所原负责审计档案管理的李浩调离岗位,档案管理员曾红自 2022 年 2 月起继任。注册会计师李芳负责中大公司 2021 年度财务报表审计,并于 2022 年 3 月 1 日完成所有审计工作。中大公司也于同日签署财务报表和管理层书面声明,审计报告完成于 3 月 15 日并提交给中大公司治理层。2022 年 5 月 10 日,李芳正在清理工作底稿准备归档,曾红协助其工作。

在清理工作底稿时,助理人员小杨将原形成报表试算平衡表的草稿丢弃;对有些底稿中编制人未签名的,项目经理李芳要求小杨补签,有一份原由助理小杨编制的有关销售收入的备忘录,由于字迹潦草,李芳要求其重新誊抄;李芳将刚收到的一张应收账款询证函回函原件,更换同笔应收账款回函传真件,在更换之前,小杨核对了原件和传真件,未发现内容差异。

2022 年 6 月 10 日,李芳发现对中大公司仓库存货监盘的工作底稿没有归档,将其交给档案管理员曾红归入存货监盘的底稿中。2022 年 7 月,由于中大公司涉及债权纠纷,而且该债权纠纷涉及应收账款,在经得仲桥会计师事务所同意并办理了底稿借阅手续后,李芳将该函证的工作底稿交给了中大公司法律部门的人员。

2022 年 6 月,档案管理员曾红在清理审计档案时发现,从 2004 年起仲桥会计师事务所一直对中大公司连续审计,其中 2004 年 2 月至 2008 年 2 月期间归档的一批审计档案,包括审计报告书副本、已审计的财务报表以及相关审计测试工作底稿等。由于其档案保管期限超过了十年,曾红请示该批审计档案能否销毁。仲桥会计师事务所相关负责人指示,在经主任会计师批准,并按规定履行相关手续后可以全部销毁。

要求:分析仲桥会计师事务所在工作底稿归档和档案保管期间存在哪些问题,并简要说明理由。

五、案例分析题

1. 注册会计师通常依据各类交易、账户余额、列报和披露的相关认定确定审计目标,根据审计目标设计审计程序。对 ABC 公司 2022 年报表进行审计时,注册会计师已经确定采购交易的认定,并决定根据认定来确定采购交易对应的具体审计目标,如表 3 - 3 所示。

表 3 - 3　　　　　　　采购交易的相关认定及对应的具体审计目标

相 关 认 定	具 体 审 计 目 标
1. 发生 2. 完整性 3. 准确性 4. 截止 5. 分类	A. 与采购交易有关的金额及其他数据已恰当记录 B. 所有应当记录的采购交易均已记录 C. 采购交易已记录于正确的会计期间 D. 采购交易已记录于恰当账户 E. 所记录的采购交易已发生,且与被审计单位有关

要求:请你代注册会计师针对上述采购交易的认定,指出对应的审计目标。

2. ABC 公司是一家专营商品零售的股份有限公司。注册会计师经过了解,确定存货项目为重点审计领域,同时决定根据管理层认定来确定存货项目对应的具体审计目标,如表 3 - 4 所示。

表 3 - 4　　　　　　　存货项目的具体审计目标及相关认定

具 体 审 计 目 标	相 关 认 定
1. 公司对存货是否拥有所有权 2. 记录的存货数量是否包括了公司所有的在库存货 3. 是否按成本与可变现净值孰低法调整期末存货的价值 4. 已售存货成本的计算及结转是否准确	A. 账户余额的完整性 B. 账户余额的存在 C. 账户余额的权利与义务 D. 账户余额的准确性、计价和分摊 E. 交易的截止 F. 交易的准确性

要求:假定具体审计目标已经被注册会计师选定,指出注册会计师应当确定的与各具体审计目标最相关的认定。(对每项认定,可多次选择或不选)

　　3. A公司有关存货的会计政策规定,入库产成品按实际生产成本入账,发出产成品按先进先出法核算。2022年12月31日,A公司甲产品期末结存数量为1 200件,期末余额为5 210元,A公司2022年度甲产品的相关明细账如表3-5所示。假定期初余额和所有的数量、入库单价均无误。

表3-5　　　　　　　　　　　　　**库存商品明细账**

明细科目:甲产品　　　　　　　　　　　　　　　　　单位:元

| 2022年 | | 摘　要 | 入　　库 | | | 出　　库 | | | 结　　存 | | |
月	日		数量	单价	金额	数量	单价	金额	数量	单价	金额
1	1	期初余额							500	5.00	2 500
3	1	入　库	400	5.10	2 040				900		4 540
4	1	销　售				800	5.20	4 160	100		380
8	1	入　库	1 600	4.60	7 360				1 700		7 740
10	3	销　量				400	4.60	1 840	1 300		5 900
12	1	入　库	700	4.50	3 150				2 000		9 050
12	31	销　售				800	4.80	3 840	1 200		5 210
12	31	期末余额							1 200		5 210

　　要求:分析判断该产品的期末余额和结转主营业务成本是否正确,并指出所运用的审计程序。

3

4. B 公司 2022 年度的借款规模、存款规模分别与 2021 年度基本持平,但财务费用比 2021 年度有所下降。B 公司给出如下理由:

(1) B 公司于 2021 年 1 月月初借入 3 年期的工程项目专门借款 10 000 000 元,该工程项目于 2021 年 1 月开工建设,在 2022 年 6 月完工。

(2) B 公司从 2020 年至今一直有美元存款 200 000 美元。由于人民币升值,人民币对美元的汇率在 2022 年度有较大幅度上升。

(3) 为了缓解流动资金紧张的压力,B 公司从 2022 年 4 月起增加了商业汇票的贴现规模。

(4) 根据 B 公司与开户银行签订的存款协议,从 2022 年 7 月 1 日起,B 公司在开户银行的存款余额超过 1 000 000 元的部分所适用的银行存款利率上浮 0.5%。

要求:试分析上述理由能否解释财务费用的变动趋势。

5. 注册会计师接受委托对 C 公司 2022 年度的财务报表进行审计。现决定对人工成本执行实质性分析程序。注册会计师从 C 公司人力资源部取得了 2022 年度和 2021 年度的员工清单,检查员工人数,并未发现变化。注册会计师又阅读了 2022 年度 1 月份 C 公司调整员工薪酬的董事会决议。这次调整使得员工薪酬平均增加 10%。注册会计师检查了 2022 年度薪酬支付记录,证实 C 公司已经执行调整薪酬的决议。C 公司 2021 年度与 2022 年度的人工成本分别为 3 000 000 元与 3 580 000 元。

假定注册会计师设定的人工成本的可接受差异额为 300 000 元。

要求:请代替注册会计师对人工成本执行实质性分析程序。(列示分析过程,并写出审计结论)

6. 仲桥会计师事务所的注册会计师对 X 公司 2022 年度财务报表进行审计,其未经审计的财务报表项目及金额如表 3-6 所示。

表 3-6　　　　　　　　　未经审计的财务报表项目及金额　　　　　　　　　单位:万元

项　　目	金　　额
资产总额	180 000
净资产	88 000
营业收入	240 000
净利润	24 120

该公司所处行业的市场波动较大,因此销售与盈利水平受到很大影响,但总资产比较稳定。仲桥会计师事务所在 2020 年、2021 年对该公司年报进行审计时,审计调整较多。

要求:

(1) 如以资产总额、净资产、营业收入和净利润作为基准,百分比分别为资产总额、净资产、营业收入和净利润的 0.5%、1%、1% 和 5%,请代注册会计师计算确定 X 公司 2022 年财务报表整体的重要性,并简要说明理由。(列示计算过程)

(2) 请代注册会计师确定实际执行的重要性,并简要说明理由。

(3) 简要说明重要性与审计风险之间的关系。

7. 假设某注册会计师对被审计单位 Y 公司的主营业务收入进行审计时,面临的可接受的审计风险和主营业务收入的发生认定重大错报风险水平,可能出现的四种风险类别及水平如表 3-7 所示。

表 3-7　　　　　　　　　被审计单位 Y 公司的风险类别及水平

风 险 类 别	情况一	情况二	情况三	情况四
可接受的审计风险	4%	4%	2%	2%
重大错报风险	40%	100%	40%	100%

要求:

(1) 计算上述四种情况下的可接受检查风险水平。

(2) 指出哪种情况需要注册会计师获取最多的审计证据,并简要说明理由。

8. 注册会计师在对 A 公司的库存现金审计时发现,库内有两张未经批准而私自借出库存现金的白条,金额合计为 5 000 元,经过盘点证明白条所列现金 5 000 元确实不在库。由此注册会计师认为该出纳员挪用库存现金 5 000 元,该出纳员承认这一事实。

要求:请指出该审计案例中的审计证据,并简要说明所运用的审计程序。

9. 注册会计师在对 A 公司 2022 年度财务报表进行审计时,收集到以下六组审计证据:

(1) 材料验收单与购货发票。

(2) 销售发票副本与产品出库单。

(3) 领料单与材料成本计算表。

(4) 薪酬费用分配表与薪酬发放表。

(5) 存货盘点表与存货监盘记录。

(6) 银行询证函回函与银行对账单。

要求:请分别指出每组审计证据中哪项证据较为可靠,并简要说明理由。

10. 注册会计师李浩在复核助理审计人员形成的审计工作底稿时,发现助理人员把向被审计单位 A 公司索要的应收账款账龄分析表直接当作审计工作底稿。

要求:试分析李浩应当指导助理审计人员如何形成这张审计工作底稿,并指出这张审计工作底稿应该具备哪些内容。

11. 助理审计人员在检查期末发生的一笔大额赊销时,要求 A 公司提供由购货单位签收的收货单,A 公司因此提供了收货单复印件。助理审计人员在将品名、数量、收货日期等内容与账面记录逐一核对相符后,将获取的收货单复印件作为审计证据纳入审计工作底稿,并据以确认该笔销售"未见异常"。

要求:试分析助理审计人员的做法是否恰当,并说明理由。

项目四　评估与应对审计风险

学 习 指 导

一、学习目的与要求

通过本项目的学习,熟悉了解被审计单位及其环境的方法,掌握识别和评估重大错报风险的审计程序,熟悉内部控制的含义、局限性、组成要素和对其了解的程序,熟悉针对评估的重大错报风险采取的总体应对措施,掌握控制测试和实质性程序的性质、时间安排和范围,熟悉审计抽样的概念、原理、步骤及其在控制测试中的应用。

二、学习要点

1. 了解被审计单位及其环境
2. 识别和评估财务报表层次和认定层次的重大错报风险
3. 了解并评价内部控制
4. 审计风险应对
5. 控制测试和实质性程序
6. 审计抽样的运用

三、重难点问题

1. 重大错报风险的评估程序
2. 针对评估的重大错报风险采取的总体应对措施
3. 内部控制、控制测试和实质性程序之间的关系
4. 审计抽样在控制测试中的应用

4 - 1
经营风险和
财务报表层
次错报风险
的区别
(知识卡片)

习 题 与 实 训

一、判断题

1. 风险评估就是实施风险评估程序,了解被审计单位及其环境,包括内部控制,以充分识别和评估财务报表层次和认定层次的重大错报风险。　　　　　　　　　　（　　）

2. 在了解被审计单位及其环境并评估重大错报风险时不能使用分析程序。　（　　）

3. 在了解被审计单位及其环境时,观察和检查程序可以印证对管理层和其他相关人员询

问的结果。　　　　　　　　　　　　　　　　　　　　　　　　　　　　　　　　（　　）

4. 报表层次的重大错报风险很可能源于薄弱的控制环境。　　　　　　　　（　　）

5. 实施风险评估程序,了解被审计单位及其环境,识别与评估重大错报风险只是在审计开始时要做的工作,且不是必须实施的程序。　　　　　　　　　　　　　　　（　　）

6. 当被审计单位规模不大时,没有必要对被审计单位的内部控制进行了解。　（　　）

7. 注册会计师审计的目标是对财务报表是否不存在重大错报发表审计意见,因此注册会计师需要了解和评价被审计单位所有的内部控制。　　　　　　　　　　　（　　）

8. 执行穿行测试需要对交易从发生到记账的整个流程进行追踪,目的在于证实账户余额是否正确。　　　　　　　　　　　　　　　　　　　　　　　　　　　　　（　　）

9. 若不打算在业务流程层面对相关控制进行了解,就不需要执行穿行测试。（　　）

10. 通常注册会计师对被审计单位的了解程度应低于被审计单位管理层对自身的了解程度。　　　　　　　　　　　　　　　　　　　　　　　　　　　　　　　　　（　　）

11. 总体应对措施是针对认定层次重大错报风险来实施的。　　　　　　　　（　　）

12. 随着重大错报风险的增加,注册会计师应当考虑扩大审计程序的范围。　（　　）

13. 在设计细节测试时,注册会计师一方面要考虑选取测试项目的数量(样本量);另一方面要考虑所选取的测试项目的特征,如选取金额较大的、异常的项目。　　　　（　　）

14. 注册会计师实施进一步审计程序的时间可以在期中,也可以在期末。　　（　　）

15. 通常情况下,注册会计师出于成本效益的考虑会采用实质性方案。　　　（　　）

16. 注册会计师在做实质性分析程序时,可以选择在汇总的财务数据层次进行分析;也可以选择在细分的财务数据层次进行分析,如按照不同产品线、不同季节或月份、不同经营地点的产品收入进行分析。　　　　　　　　　　　　　　　　　　　　　　　　（　　）

17. 进一步审计程序的目的只是在于通过实施实质性程序来发现认定层次的重大错报。　　　　　　　　　　　　　　　　　　　　　　　　　　　　　　　　　　（　　）

18. 控制测试是每次审计中必定执行的测试。　　　　　　　　　　　　　　（　　）

19. 实质性程序只能在期末执行。　　　　　　　　　　　　　　　　　　　（　　）

20. 在财务报表重大错报风险的评估过程中,审计人员应当确定识别的重大错报风险是与特定的某类交易、账户余额和列报的认定相关还是与财务报表的整体广泛性相关,进而影响多项认定。　　　　　　　　　　　　　　　　　　　　　　　　　　　　　　（　　）

21. 审计人员识别出重大错报风险均应当与特定交易、账户余额和列报的认定相对应,以便审计人员设计并实施进一步的审计程序。　　　　　　　　　　　　　　　　　（　　）

22. 审计人员可以不对内部控制进行了解和测试,直接进行实质性程序,此时应直接将重大错报风险设定为高水平。　　　　　　　　　　　　　　　　　　　　　　　　（　　）

23. 审计人员在了解被审计单位及其环境的过程中实施的分析程序有助于识别异常的交易或事项,以及对财务报表和审计产生影响的金额、比率和趋势。　　　　　　　　　（　　）

24. 如果审计人员不打算依赖被审计单位的内部控制,则无须对被审计单位的内部控制进行了解。　　　　　　　　　　　　　　　　　　　　　　　　　　　　　　（　　）

25. 当仅实施实质性程序不足以提供认定层次充分、适当的审计证据时,审计人员应当实施控制测试,以获取内部控制运行有效的审计证据。　　　　　　　　　　　　　（　　）

26. 审计人员设计和实施的控制测试和实质性程序的性质、时间、范围,应当与评估出的认定层次重大错报风险具有明确的对应关系。　　　　　　　　　　　　　　　　（　　）

27. 如果环境控制比较差,审计人员应在期中实施更多的审计程序。 （　　）

28. 在选择综合性方案设计进一步审计程序时,可以不对重大交易、账户余额和列报实施实质性程序。 （　　）

29. 审计人员应当针对评估的财务报表层次的重大错报风险设计和实施进一步审计程序,以将审计风险降至可接受的低水平。 （　　）

30. 无论审计人员对重大错报风险的评估结果如何,都应当对所有的各类交易、账户余额和列报设计和实施实质性程序。 （　　）

31. 观察、检查、重新执行程序均可为控制运行的有效性提供可靠的保证。 （　　）

32. 审计人员在执行财务报表审计业务时,不论被审计单位的规模是大还是小,都应当对相关的内部控制进行控制测试。 （　　）

33. 如果对重大的财务报表认定不能获取充分、适当的审计证据,审计人员应当出具保留意见或否定意见的审计报告。 （　　）

34. 风险评估程序在审计实施阶段执行,且在编制审计计划之后、应对审计风险之前进行。 （　　）

35. 连续审计可以不实施风险评估程序。 （　　）

36. 风险评估程序就是了解被审计单位及其环境的程序,是一个连续和动态地收集、更新与分析信息的过程,贯穿于审计过程始终。 （　　）

37. 风险评估程序包括了解程序和风险评估程序,不包括控制测试和实质性程序。 （　　）

38. 风险导向审计下,必须实施了解程序、风险评估程序和细节测试程序。 （　　）

39. 控制测试与实质性程序是进一步审计程序,风险导向审计都必须实施。 （　　）

40. 薄弱的控制环境带来的风险可能对财务报表产生广泛影响,不限于某类交易、账户余额、列报,注册会计师应当采取总体应对措施。 （　　）

41. 注册会计师可以通过实施风险评估程序获取充分、适当的审计证据,作为发表审计意见的基础。 （　　）

42. 注册会计师没有责任识别和评估与财务无关的经营风险。 （　　）

43. 如果实施实质性程序发现被审计单位没有识别的重大错报,通常表明内部控制存在重大缺陷。 （　　）

44. 分析程序广泛运用于风险评估和进一步审计程序,但不适用于控制测试。 （　　）

45. 健全严密的内部控制可以防止任何差错和舞弊。 （　　）

46. 执行小规模企业财务报表审计业务时,注册会计师无须了解相关内部控制。 （　　）

47. 内部控制的控制点设置得越多越好。 （　　）

48. 控制测试的范围是指某项控制活动的测试次数。 （　　）

二、单项选择题

1. 在风险导向审计模式下,审计的起点是（　　）。

A. 初步业务活动　　　　　　　　B. 重大错报风险评估

C. 账表　　　　　　　　　　　　D. 内部控制评价

2. 在重要业务流程层面了解和评价内部控制的时候,（　　）不是必须的。

A. 了解重要交易流程　　　　　　B. 确定可能发生错报的环节

C. 识别和了解相关控制并记录　　D. 执行穿行测试

3. 下列各项中,不属于风险评估程序的是(　　)。

A. 监盘存货　　　B. 询问管理层　　　C. 观察控制活动　　　D. 检查销售合同

4. (　　)是评价控制的设计是否合理及是否得到执行,但不涉及评价控制执行的效果。

A. 了解内部控制　　B. 控制测试　　C. 实质性程序　　　D. 双重目的测试

5. 如果存在非常规交易与判断事项,可能意味着存在需要注册会计师特别关注的(　　)。

A. 报表层次重大错报风险　　　　　　B. 特别风险

C. 认定层次重大错报风险　　　　　　D. 检查风险

6. 在评估认定层次重大错报风险时,要考虑(　　)对风险的抵消和遏制作用。

A. 控制环境　　　B. 交易性质　　　C. 控制　　　　D. 治理结构

7. 即使不打算在业务流程层面对相关控制进行了解,仍应(　　),以验证之前对交易流程及可能发生错报的环节的了解是否准确和完整。

A. 了解重要交易流程　　　　　　　　B. 确定可能发生错报的环节

C. 识别和了解相关控制并记录　　　　D. 执行穿行测试

8. 财务报表审计的目标是对财务报表是否不存在重大错报发表审计意见,因此注册会计师需要了解和评价的内部控制只是与(　　)相关的内部控制,并非被审计单位所有的内部控制。

A. 审计　　　　B. 实质性程序　　　C. 总体应对措施　　　D. 控制测试

9. 下列被审计单位的控制中,与审计无关的控制是(　　)。

A. 公司信用经理审核提出赊销的客户信用

B. 公司同意因某些特别原因,对某个不符合一般信用条件的客户赊销商品

C. 航空公司用于维护航班时间表的自动控制系统

D. 定期盘点存货

10. 为了解被审计单位的财务状况、重大的会计处理问题,注册会计师应向(　　)进行询问。

A. 内部审计人员　　B. 仓库人员　　　C. 销售人员　　　D. 财务负责人

11. 注册会计师针对财务报表层次的重大错报风险,运用职业判断来确定(　　)。

A. 进一步审计程序　　B. 控制测试　　C. 实质性程序　　D. 总体应对措施

12. 注册会计师针对评估的各类交易、账户余额、列报和披露认定层次重大错报风险实施(　　)。

A. 进一步审计程序　　B. 控制测试　　C. 实质性程序　　D. 总体应对措施

13. 实质性方案是注册会计师实施的进一步审计程序,以(　　)为主。

A. 风险评估程序　　B. 控制测试　　C. 实质性程序　　D. 分析程序

14. 若注册会计师采用等距抽样方法,从 3 000 张标号为 0001 至 3000 的销售发票中抽取 150 张进行审计,随机确定的抽样起点号为 0024,则抽取到的第 4 个样本号为(　　)。

A. 0424　　　　　B. 0054　　　　　C. 0064　　　　　D. 0084

15. 注册会计师通过检查某笔交易的发票可以确定其是否经过适当的授权,也可以获取关于该交易的金额、发生时间等细节证据,这属于(　　)。

A. 实质性程序　　B. 细节测试　　　C. 控制测试　　　D. 双重目的测试

16. 注册会计师在实施风险评估程序后,针对(　　)实施控制测试。

A. 设计不合理的控制　　　　　　　　B. 设计合理且得到执行的控制

C. 设计合理但没有得到执行的控制　　　　D. 与审计相关的控制

17. 控制测试是为了确定(　　)而实施的审计测试。

A. 财务报表认定是否正确　　　　　　　　B. 控制运行的有效性

C. 控制是否得到执行　　　　　　　　　　D. 控制设计的合理性

18. 控制测试的对象是被审计单位的(　　)。

A. 内部控制　　　　B. 财务报表　　　　C. 账簿与凭证　　　　D. 交易与事项

19. 直接用以发现认定层次的重大错报的审计程序是(　　)。

A. 重新执行　　　　B. 了解内部控制　　　　C. 控制测试　　　　D. 实质性程序

20. 实质性分析程序通常是针对在一段时期内(　　)实施的。

A. 各类交易　　　　　　　　　　　　　　B. 存在稳定预期关系的大量交易

C. 各类账户余额　　　　　　　　　　　　D. 各类列报

21. 审计人员在对内部控制进行了解后,针对某一项认定制订审计计划时,下面表述中,正确的是(　　)。

A. 如果预期控制风险的水平为最高,可不执行控制测试

B. 如果预期控制风险的水平为最高,可计划扩大控制测试

C. 如果预期控制风险的水平为中等或低,可计划最少的控制测试

D. 无论控制风险的估计水平如何,都必须执行控制测试

22. 下列有关实质性程序时间安排的说法中,正确的是(　　)。

A. 如果重大错报风险较高时,应当考虑在期中实施实质性程序

B. 实质性程序的时间安排受被审计单位控制环境的影响

C. 针对账户余额的实质性程序应当在接近资产负债表日实施

D. 应对舞弊风险的实质性程序应当在资产负债表日后实施

23. 审计人员在设计和实施进一步审计程序的性质、时间和范围时,应当与评估的(　　)层次的重大错误风险具备明确的对应关系。

A. 财务报表　　　　B. 认定　　　　　　C. 账户余额　　　　D. 交易或事项

24. 当仅实施实质性程序不足以提供认定层次充分、适当的审计证据时,审计人员应当(　　)。

A. 实施分析程序　　　　　　　　　　　　B. 实施控制测试

C. 重新评估认定层次重大错报风险　　　　D. 扩大样本规模

25. 在考虑实施实质性程序的时间时,如果识别出舞弊导致的重大错报风险,审计人员应当(　　)。

A. 在期末或接近期末实施实质性程序

B. 在期中实施实质性程序

C. 在期中和期末都实施实质性程序

D. 实施将期中结论合理延伸至期末的审计程序

26. 当评估的财务报表层次重大错报风险属于高风险水平时,审计人员通常拟实施进一步审计程序的总体方案是(　　)。

A. 风险应对方案　　　　B. 控制测试方案　　　　C. 实施性方案　　　　D. 综合性方案

27. 下列各项中,属于在控制测试中审计人员所实施的审计程序的是(　　)。

A. 分析程序　　　　B. 函证　　　　　　C. 重新执行　　　　D. 重新计算

4

28. 通常情况下,审计人员出于成本效益原则的考虑可以采用(　　)设计进一步审计程序,即将测试控制运行的有效性与实质性程序结合使用。

A. 实质性方案　　　　B. 控制测试　　　　C. 综合性方案　　　　D. 实质性程序

29. 只有认为控制设计合理,能够防止或发现和纠正认定层次的重大错报以及仅仅实施实质性程序不足以提供充分适当的审计证据时,审计人员才有必要进行(　　)。

A. 细节测试　　　　B. 分析程序　　　　C. 控制测试　　　　D. 了解内部测试

30. 下列有关选取测试项目方法的说法中,正确的是(　　)。

A. 从某类交易中选取特定项目进行检查构成审计抽样

B. 从总体中选取特定项目进行测试时,应当使总体中每个项目都有被选取的机会

C. 对全部项目进行检查,通常更适用于细节测试

D. 审计抽样更适用于控制测试

31. 下列有关针对重大账户余额实施审计程序的说法中,正确的是(　　)。

A. 审计人员应当实施实质性程序

B. 审计人员应当实施细节测试

C. 审计人员应当实施控制测试

D. 审计人员应当实施控制测试和实质性程序

32. 了解被审计单位的性质不包括了解被审计单位的(　　)。

A. 购销活动　　　　B. 股权结构　　　　C. 经营风险　　　　D. 组织结构

33. 下列有关风险评估程序的说法中,错误的是(　　)。

A. 风险评估程序是注册会计师为了解被审计单位及其环境而执行的程序

B. 注册会计师执行风险评估程序,目的是识别和评估财务报表重大错报风险,无论该风险是由错误还是由舞弊导致的

C. 风险评估程序本身能为形成审计意见提供充分、适当的审计证据

D. 风险评估程序贯穿于审计过程始终

34. 下列选项中,(　　)属于注册会计师了解被审计单位财务业绩的衡量和评价的内容。

A. 被审计单位与竞争对手的业绩比较

B. 被审计单位的经营风险

C. 被审计单位对会计政策的选择和运用

D. 被审计单位高度依赖的关键客户

35. 下列各项中,不属于内部控制要素的是(　　)。

A. 控制风险　　　　B. 控制活动　　　　C. 对控制的监督　　　　D. 控制环境

36. 在了解内部控制时,注册会计师通常不实施的审计程序是(　　)。

A. 了解控制活动是否得到执行　　　　B. 了解内部控制的设计

C. 记录了解的内部控制　　　　D. 寻找内部控制运行中的所有缺陷

37. 下列审计程序中,注册会计师在了解被审计单位内部控制时通常不采用的是(　　　)。

A. 询问　　　　B. 观察　　　　C. 分析程序　　　　D. 检查

38. 下列各项中,不属于控制环境要素的是(　　)。

A. 被审计单位的人力资源政策　　　　B. 被审计单位的组织结构

C. 被审计单位管理层的理念　　　　D. 被审计单位的信息系统

39. 下列活动中,注册会计师认为不属于控制活动的是(　　)。

A. 授权　　　　　　B. 业绩评价　　　　C. 风险评估过程　　D. 职责分离

40. 重大错报风险的应对措施不包括实施(　　)。

A. 实质性程序　　　B. 控制测试　　　　C. 提供更多督导　　D. 评估风险

41. 下列各项中,通常无法应对评估的财务报表层次重大错报风险的是(　　)。

A. 向项目组强调保持职业怀疑的重要性

B. 加强项目质量复核

C. 增加拟实施的进一步审计程序的不可预见性

D. 通过控制测试获取更广泛的审计证据

42. 薄弱的控制环境带来的风险可能对财务报表产生广泛影响,难以限于某类交易、账户余额和披露,注册会计师应当采取(　　)。

A. 具体应对措施　　　　　　　　　　B. 实施更多的控制测试

C. 扩大控制测试的范围　　　　　　　D. 总体应对措施

43. 下列各项中,不属于总体应对措施的是(　　)。

A. 向项目组强调保持职业怀疑的必要性

B. 在选择拟实施的进一步审计程序时融入更多的不可预见的因素

C. 在期末而非期中实施更多的审计程序

D. 增加应收账款函证的数量

44. 下列各项审计程序中,注册会计师在实施控制测试和实质性程序时均可以采用的是(　　)。

A. 检查　　　　　　B. 分析程序　　　　C. 函证　　　　　　D. 重新执行

45. 下列做法中,无助于提高审计程序的不可预见性的是(　　)。

A. 针对销售收入和销售退回延长截止测试期间

B. 向以前没有询问过的被审计单位员工询问

C. 对以前通常不测试的金额较小的项目实施实质性程序

D. 对被审计单位银行存款年末余额实施函证

46. 注册会计师进行控制测试时,下列程序中,通常不会运用的审计程序是(　　)。

A. 分析程序　　　　B. 询问　　　　　　C. 检查文件记录　　D. 重新执行

47. 注册会计师实施的分析程序不能用于(　　)。

A. 实质性程序　　　B. 控制测试　　　　C. 风险评估　　　　D. 总体应对措施

48. 下列有关控制测试目的的说法中,正确的是(　　)。

A. 评价控制运用有效性　　　　　　　B. 发现认定层次发生错报的金额

C. 验证实质性程序结果的可靠性　　　D. 确定控制是否得到执行

三、多项选择题

1. 注册会计师识别与评估重大错报风险时,还可以利用其他信息来源,包括(　　)。

A. 初步业务活动时获取的信息

B. 风险评估

C. 向被审计单位提供其他服务时获取的信息

D. 实质性程序

2. 了解被审计单位及其环境时需要了解的内容有(　　)。

A. 被审计单位的内部控制　　　　　　B. 宏观经济景气度

C. 被审计单位的组织结构　　　　　　D. 被审计单位对会计政策的选择和运用

3. 注册会计师对控制的初步评价结论可能有(　　　　)。

A. 控制设计合理,并得到执行　　　　B. 控制设计合理,但没有得到执行

C. 控制设计无效或缺乏必要的控制　　D. 控制有效运行

4. 了解内部控制的程度应达到能(　　　　)。

A. 评价控制的设计是否合理　　　　　B. 评价控制是否得到执行

C. 评价控制执行的效果　　　　　　　D. 评价控制是否健全

5. 为了解被审计单位及其环境,评估重大错报风险而实施的风险评估程序通常有(　　　　)。

A. 观察　　　　　B. 分析程序　　　　　C. 检查　　　　　D. 询问

6. 在审计实务中,注册会计师往往从被审计单位的(　　　　)分别了解和评价内部控制。

A. 整体层面　　　B. 业务流程层面　　　C. 报表层次　　　D. 认定层次

7. 交易类别可以划分为常规交易、非常规交易与判断事项。常规交易是指在日常经营中经常重复发生的交易,如销售、收款;非常规交易是指由于金额或性质异常而不经常发生的交易;判断事项通常指会计估计。特别风险的产生通常与(　　　　)有关。

A. 重大的非常规交易　　　　　　　　B. 日常交易

C. 不复杂的、经正规处理的交易　　　D. 判断事项

8. 在重要业务流程层面了解和评价内部控制,可以进行的设计有(　　　　)。

A. 确定被审计单位的重要业务流程和重要交易类别及重要交易流程

B. 确定可能发生错报的环节

C. 识别和了解相关控制并记录

D. 执行穿行测试

9. 了解被审计单位相关内部控制的设计和执行,通常实施的风险评估程序有(　　　　)。

A. 询问被审计单位的有关人员　　　　B. 观察特定控制的运行

C. 检查文件和报告　　　　　　　　　D. 执行穿行测试

10. 执行穿行测试所运用的程序包括(　　　　)。

A. 询问　　　　　B. 检查　　　　　C. 观察　　　　　D. 分析程序

11. 注册会计师针对财务报表层次的重大错报风险,运用职业判断来实施的总体应对措施包括(　　　　)。

A. 向项目组成员强调保持职业怀疑的必要性

B. 指派更有经验的或具有特殊技能的审计人员,或利用专家的工作

C. 提供更多的督导

D. 实施综合性方案

12. 实质性程序的两种基本类型包括(　　　　)。

A. 风险评估程序　　　　　　　　　　B. 控制测试

C. 细节测试　　　　　　　　　　　　D. 实质性分析程序

13. 针对认定层次重大错报风险拟实施进一步审计程序的总体方案包括(　　　　)。

A. 控制测试方案　　　　　　　　　　B. 实质性方案

C. 综合性方案　　　　　　　　　　　D. 风险评估方案

14. 进一步审计程序包括(　　　　)。

A. 控制测试　　　　　B. 风险评估　　　　　C. 风险识别　　　　　D. 实质性程序

15. 在测试控制运行的有效性时,注册会计师应当从(　　　　　)方面获取相关的审计证据。

A. 控制在所审计期间的不同时点是如何运行的

B. 控制是否得到一贯执行

C. 控制由谁执行

D. 控制以何种方式执行

16. 控制测试并非在任何情况下都需要实施,实施控制测试的情形有(　　　　　)。

A. 在了解内部控制后,预期控制的运行是有效的

B. 仅实施实质性程序不足以提供认定层次充分、适当的审计证据

C. 控制设计合理但没有得到执行

D. 控制设计无效

17. 注册会计师实施控制测试后,最终评价相关控制,得出的结论可能包括(　　　　　)。

A. 控制有效运行,可以信赖　　　　　　B. 控制运行无效,不可信赖

C. 控制设计不合理　　　　　　　　　　D. 控制设计合理但没有得到执行

18. 实质性程序的时间安排包括(　　　　　)。

A. 期中　　　　　　　　　　　　　　　B. 期末或接近期末

C. 期初　　　　　　　　　　　　　　　D. 利用以前审计获取的审计证据

19. 可用作控制测试的程序类型包括(　　　　　)。

A. 检查文件记录　　B. 重新执行　　　　C. 询问与观察　　　　D. 分析程序

20. 用于直接识别各类交易、账户余额与列报的认定层次重大错报而进行的测试有(　　　　　)。

A. 实质性程序　　　　B. 控制测试　　　　C. 细节测试　　　　D. 风险评估程序

21. 为了解内部控制的设计和执行,审计人员通常实施的风险评估程序有(　　　　　)。

A. 询问被审计单位的人员　　　　　　　B. 观察特定控制的运用

C. 检查文件和报告　　　　　　　　　　D. 实施分析程序

22. 风险评估程序包括(　　　　　)。

A. 询问被审计单位的管理层　　　　　　B. 实施分析程序

C. 实施控制测试　　　　　　　　　　　D. 观察和检查

23. 下列有关采用总体审计方案的说法中,错误的有(　　　　　)。

A. 审计人员可以针对不同认定采用不同的审计方案

B. 审计人员应当采用与前期审计一致的审计方案,除非评估的重大错报风险发生重大变化

C. 审计人员应当采用实质性方案应对特别风险

D. 审计人员可以采用综合性方案或实质性方案应对重大错报风险

24. 评估重大错报风险时,审计人员可能实施的审计程序有(　　　　　)。

A. 识别被审计单位的所有经营风险

B. 考虑识别的错报风险导致财务报表发生重大错报的可能性

C. 考虑识别的错报风险是否重大

D. 将识别的错报风险与认定层次可能发生错报的领域相联系

25. 下列有关风险评估的说法中,正确的有(　　　　)。

A. 了解被审计单位及其环境是审计人员必须实施的程序,而非可选择程序

B. 了解被审计单位及其环境是审计人员可以实施的程序,而非必须执行的程序

C. 审计人员了解被审计单位的目的是识别和评估重大错报风险以设计和实施进一步程序

D. 了解被审计单位及其环境,贯穿整个审计过程的始终

26. 审计人员在了解被审计单位的内部控制时,被审计单位的控制活动主要包括(　　　　)。

A. 风险评估　　　　　B. 授权和业绩评价　　C. 实物控制　　　　　D. 职责分离

27. 审计人员在整体层面对内部控制进行了解和评估时,可以考虑采用(　　　　)等与风险评估程序结合的方式,以获取审计证据。

A. 询问被审计单位　　　　　　　　　B. 检查内部控制文件和报告

C. 重新执行　　　　　　　　　　　　D. 观察特定控制的应用

28. 下列有关了解被审计单位内部控制的表述中,正确的有(　　　　)。

A. 审计人员通过了解,确定控制设计不当,就不需要再考虑控制是否得到执行

B. 审计人员可使用询问程序来获得其控制的设计以及确定其是否得到执行的充分、适当的证据

C. 对某信息系统的内部控制了解有可能代替对控制运行有效性的测试

D. 执行穿行测试即评价内部控制的设计是否合理,也可确定其是否得到执行

29. 在测试内部控制的运行有效性时,审计人员应当获取的审计证据有(　　　　)。

A. 控制是否得到执行

B. 控制是否得到一贯执行

C. 控制在所审计期间不同时点是如何执行的

D. 控制以何种方式执行

30. 控制测试的程序包括(　　　　)。

A. 询问　　　　　　　B. 观察和检查　　　C. 穿行测试　　　　　D. 重新执行

31. 审计人员在实施审计工作时,执行控制测试并不是必需的,但在(　　　　)情况中实施控制测试是必需的。

A. 风险评估程序不能识别出重大错报风险

B. 评估的重大错报风险较高

C. 仅实施实质性程序不足以提供有关认定层次充分、适当的审计证据

D. 在评估认定层次重大错报风险时,预期控制的运行是有效的

32. 下列与控制测试有关的表述中,正确的有(　　　　)。

A. 如果控制设计不合理,则不必实施控制测试

B. 如果在评估认定层次重大错报风险时预期控制运行是有效的,则应当实施控制测试

C. 如果认为仅实施实质性程序不足以提供认定层次充分、适当的证据,则应当实施控制测试

D. 对特别风险,即使拟信赖的相关控制没有发生变化,也应当在本次审计中实施控制测试

33. 审计人员李平为了应对财务报表层次的重大错报风险,准备采用提高审计程序不可

预见性的方法。下列方法中,可以提高审计程序不可预见性的有( )。

A. 实施更细致的分析程序,如使用计算机辅助审计技术审查销售及客户账户

B. 选择期末余额较大的应收账款客户进行函证

C. 把所函证的应收账款账户的截止日期提前或者推迟

D. 多选几个月的银行存款余额调节表进行测试

34. 下列销售和应收账款的审计程序中,可能提高审计程序不可预见性的有( )。

A. 函证确认销售条款或者选定销售额较不重要、以前未曾关注的销售交易

B. 测试金额为负或是零的账户,或者余额低于以前设定的重要性水平的账户

C. 使用计算机辅助审计技术审阅销售及客户账户

D. 改变函证日期,将函证账户的截止日期提前或推后

35. 下列有关审计人员设计进一步审计程序的表述中,正确的有( )。

A. 风险的后果越严重,越需精心设计有针对性的进一步程序

B. 重大错报的可能性越大,进一步审计程序越简单

C. 具体交易、账户余额和披露的特征不同,设计的进一步审计程序也有所不同

D. 内部控制性质不同,设计的进一步审计程序也有所不同

36. 下列关于确定实质性程序性质、时间和范围的表述中,不正确的有( )。

A. 如果控制测试的结果使审计人员非常满意,审计人员可以不实施实质性程序

B. 审计人员应在期末实施实质性程序,不应在期中工作中执行此类程序

C. 如果相关认定的重大错报风险很高,审计人员应将实质性程序更多地安排在期末工作中进行

D. 审计人员在任何情况下均不应将以前获取的实质性程序的证据用作本期的有效证据

37. 下列有关审计抽样的说法中,正确的有( )。

A. 在审计抽样中,抽样风险是客观存在的

B. 审计人员在统计抽样与非统计抽样方法之间进行选择时主要考虑成本效益原则

C. 非抽样风险是人为错误造成的,在审计中可以将其量化并加以控制

D. 审计抽样可以运用于所有的审计程序

38. 下列有关样本规模的说法,正确的有( )。

A. 在控制测试中,审计人员确定的总体项目的变异性越低,样本规模就越小

B. 对小规模总体而言,审计抽样比其他选择测试项目的方法效率低

C. 审计人员愿意接受的抽样风险越低,样本规模就越大

D. 预期控制所影响账户的可容忍错报越小,则控制测试的样本规模就越大

39. 下列有关样本规模的说法中,不正确的有( )。

A. 可接受的信赖过度风险越低,样本规模应越大

B. 可接受的信赖过度风险越低,样本规模应越小

C. 在既定的可容忍偏差率下,预计总体偏差率越高,样本规模越大

D. 在既定的可容忍偏差率下,预计总体偏差率越高,样本规模越小

40. 非抽样风险可能来自( )。

A. 选择的总体不适合测试目标　　　　　B. 控制偏差或报错的定义不恰当

C. 审计程序选择不当　　　　　　　　　D. 对审计发现的评价不当

41. 下列各项程序中,通常用作风险评估程序的有( )。

　　A. 检查　　　　　　　B. 分析程序　　　　　C. 重新执行　　　　　D. 观察

42. 风险导向审计下,属于风险评估程序而不是进一步审计程序的有(　　　　　)。

　　A. 了解内部控制　　　B. 识别风险　　　　　C. 评估风险　　　　　D. 控制测试

43. 下列各项中,注册会计师在了解被审计单位及其环境的整个过程中,通常均需要实施的有(　　　　　)。

　　A. 询问管理层　　　　　　　　　　　B. 观察被审计单位的经营活动

　　C. 穿行测试　　　　　　　　　　　　D. 实质性分析

44. 在了解被审计单位的性质时,下列各项中,注册会计师可以考虑的信息有(　　　　　)。

　　A. 被审计单位的所有权结构

　　B. 被审计单位的办公场所和主要存货的存放地点

　　C. 被审计单位各部门的预算分析

　　D. 被审计单位所在行业生产经营的季节性

45. 下列各项中,在注册会计师了解被审计单位及其环境时,通常与被审计单位的外部因素有关的有(　　　　　)。

　　A. 被审计单位的性质

　　B. 相关行业状况、法律环境和监管环境

　　C. 对被审计单位财务业绩的衡量和评价

　　D. 被审计单位对会计政策的选择和运用

46. 下列各项中,属于内部控制要素的有(　　　　　)。

　　A. 控制环境　　　　　B. 风险评估过程　　　C. 对控制的监督　　　D. 控制风险

47. 在对内部控制进行初步评价并进行风险评估后,注册会计师通常需要在审计工作底稿中形成结论的有(　　　　　)。

　　A. 控制本身的设计是否有效　　　　　B. 控制是否得到执行

　　C. 是否信赖控制并实施控制测试　　　D. 是否实施实质性程序

48. 下列各项中,属于内部控制的固有局限性的有(　　　　　)。

　　A. 人为决策失误导致内部控制失效

　　B. 管理层凌驾于内部控制之上

　　C. 行使控制职能的人员素质不适应岗位要求

　　D. 实施内部控制的成本效益权衡

49. 重新计算折旧额是否正确、会计分录是否恰当,应实施(　　　　　)。

　　A. 控制测试　　　　　B. 实质性程序　　　　C. 进一步审计程序　　D. 细节测试

50. 在确定审计程序的性质、时间和范围时,注册会计师主要考虑(　　　　　)。

　　A. 审计风险　　　　　B. 独立性　　　　　　C. 重要性　　　　　　D. 客观性

51. 在被审计单位的内部控制(　　　　　)时,可以不进行控制测试而直接实施实质性程序。

　　A. 执行无效　　　　　B. 执行有效　　　　　C. 设计不当　　　　　D. 没有执行

52. 针对认定层的重大错报风险的进一步审计程序,包括(　　　　　)。

　　A. 风险了解　　　　　B. 风险评估　　　　　C. 控制测试　　　　　D. 实质性程序

53. 进一步审计程序包括控制测试与实质性程序,以下各项中,属于实质性程序的有(　　　　　)。

A. 分析程序　　　　B. 观察和检查　　　C. 函证　　　　　D. 重新执行

54. 注册会计师实施的细节测试是实质性程序之一,包括实施的(　　　　)测试。

A. 各类交易　　　　B. 比率趋势分析　　C. 账户余额　　　D. 列报和披露

55. 以下情形中,适合于进一步审计程序的有(　　　　)。

A. 分析程序　　　　　B. 风险评估程序　　C. 监盘　　　　　D. 重新执行

四、实训题

1. 为了识别和评估 A 公司 2022 年度财务报表的重大错报风险,注册会计师李芳需要了解 A 公司及其环境,以评估重大错误风险。为此,李芳决定专门实施以下风险评估程序:

(1) 询问该公司管理层和内部其他相关人员。

(2) 观察和检查。观察被审计单位的生产经营活动,检查文件记录和内部控制手册,阅读由管理层和治理层编制的报告。

要求:

(1) 分析李芳应当从哪些方面对 A 公司及其环境进行了解。

(2) 讨论进行风险评估时除了实施上述两类专门程序外,李芳还可以实施哪些程序。

(3) 讨论在了解 A 公司及其环境以评估重大错报风险时,李芳可以向 A 公司管理层和财务负责人询问哪些问题。

4

2. M 公司主要从事小型电子消费品的生产和销售，产品销售以 M 公司仓库为交货地点。M 公司日常交易采用自动化信息系统（以下简称"系统"）和手工控制相结合的方式进行。系统自 2021 年以来没有发生变化。M 公司产品主要销售给国内各主要城市的电子消费品经销商。注册会计师 A 和 B 负责审计 M 公司 2022 年度财务报表。

A 和 B 在审计工作底稿中记录了所了解的 M 公司及其环境情况，部分内容摘录如下：

（1）在 2021 年度实现销售收入增长 10％的基础上，M 公司董事会确定的 2022 年销售收入增长目标为 20％。M 公司管理层实行年薪制，总体薪酬水平根据上述目标的完成情况上下浮动。M 公司所处行业 2022 年的平均销售增长率是 12％。

（2）M 公司财务总监已为 M 公司工作超过 6 年，于 2022 年 9 月劳动合同到期后被 M 公司的竞争对手高薪聘请。由于工作压力大，M 公司会计部门人员流动频繁，除会计主管服务期为 4 年外，其余人员的平均服务期少于 2 年。

（3）M 公司的产品面临快速更新换代的压力，市场竞争激烈。为巩固市场占有率，M 公司于 2022 年 4 月将主要产品（C 产品）的销售下调了 8％～10％，C 产品在 2021 年的毛利率为 8.1％。另外，M 公司在 2022 年 8 月推出 D 产品（C 产品的改良型号），市场表现良好，计划在 2023 年 1 月全面扩大生产，并在 2023 年 1 月停止 C 产品的生产。为了加快资金流转，M 公司于 2023 年 1 月针对 C 产品开始实施新一轮降价促销，平均降价幅度达到 10％。

要求：针对资料（1）～（3），假定不考虑其他条件，请分别指出资料所列事项是否可能表明存在重大错报风险。如果认为存在，请简要说明理由，并分别说明该风险是属于财务会计报表层次还是认定层次。

3. 注册会计师王力负责审计中大公司 2022 年度财务报表。王力在审计工作底稿中记录了针对以下两项内部控制实施的控制测试和实质性程序及其结果,假定这些控制的设计有效并得到执行。

(1) 内部控制:产品送达后,中大公司要求客户的经办人员在发运凭单上签字。财务部将客户签字确认的发运凭单作为收入确认的依据之一。

测试结果:王力对控制的预期偏差率为零,从收入明细账中抽取 25 笔交易,检查发现发运凭单是否经客户签字确认。经检查,有 2 张发运凭单未经客户签字确认。

销售人员解释,这两批货物在运抵客户时,客户的经办人员出差。由于以往未发生过客户拒绝签字的情况,经财务部经理批准后确认收入。

王力对上述客户的应收账款进行函证,回函结果表明不存在差异。

(2) 内部控制:现金销售通过收银机集中收款,并自动生成销售小票和每日现金销售汇总表。财务人员将每日现金销售汇总表金额和收到的现金核对一致。除财务部经理批准外,出纳应在当日将收到的现金存入指定的银行。

测试结果:王力对控制的预期偏差率为零,抽取 25 张银行现金缴纳款单回单与每日现金销售汇总表进行核对,发现有三张银行现金缴款单回单的日期比每日现金销售汇总表的日期晚一天。

财务人员解释,由于当日核对工作完成得较晚,银行已结束营业,经开户银行批准,出纳将现金存入公司保险柜,并于次日存入银行。

王力检查财务部经理签字批准的记录,未发现异常。

要求:根据控制测试和实质性程序及其结果,分别指出以上控制运行是否有效。如果认为运行无效,简要说明理由。

4

4. 假定被审计单位应收账款的编号为 0001 至 3500，审计人员拟选择其中的 350 份进行函证，例如，利用随机数表，从第 2 行第一个数字起，自左向右，自上向下，以后四位数为准。随机数表（开始部分）如表 4-1 所示。

表 4-1　　　　　　　　　　　随机数表（开始部分）

	1	2	3	4	5
1	04734	39426	91035	54939	76873
2	10417	19688	83404	42038	48226
3	07514	48374	35658	38971	53779
4	52305	86925	16223	25946	90222
5	96357	11486	30102	82679	57983
6	92870	05921	65698	27993	86406
7	00500	75924	38803	05286	10072
8	34826	93784	62709	15370	96727
9	25809	21860	36790	76883	20435
10	77487	38419	20631	48694	12638

要求：分析审计人员选择最初的 5 个样本的号码分别是哪些。

五、案例分析题

1. A公司原材料的领发交易流程如图4-1所示。

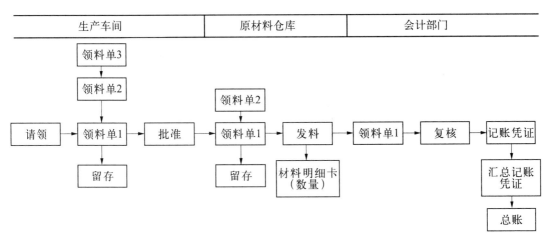

图4-1 原材料的领发交易流程

要求:

(1)分析指出该流程图中生产车间、原材料仓库和会计部门各自的关键控制点。

(2)分析指出按照内部控制的要求,该流程图是否存在控制弱点。

2. A 公司出纳员采用下列手段进行贪污：

（1）他从公司收发室截取某顾客寄给公司的 5 890 元支票，存入由其负责的公司零用金存款账户中，然后再以支付劳务费为由，开具一张以自己为收款人的 5 890 元的现金支票，签章后从银行兑现。

（2）在与该顾客对账时，他将应收账款（××公司）账户余额扣减 5 890 元后作为对账金额向对方发出对账单，表示 5 890 元的款项已经收到。

（3）8 天后，他编制了一张记账凭证，借记"银行存款"账户，贷记"应收账款"账户，将"应收账款——××公司"账户调整到正确余额，但"银行存款"账户余额比实际多出 5 890 元。

（4）月末，他在编制银行存款余额调节表时，虚列了两笔未达账项，将银行存款余额调节表调平。

要求：分析该公司内部控制中存在的缺陷。

4

3. A公司主要从事小型电子消费品的生产和销售,产品销售以A公司仓库为交货地点。注册会计师审计A公司2022年度财务报表。有关财务数据如表4-2所示。

表4-2　　　　　　　　　　　　A公司相关财务数据　　　　　　　　　　　单位:万元

项　　目	2022年(年末)	2021年(年末)
营业收入	75 850	68 680
营业成本	65 660	56 880
存货	9 999	9 788
存货跌价准备	860	980

注册会计师实施风险评估程序,了解到A公司及其环境情况如下:

(1) 由于2021年销售业绩未达到董事会确定的目标,A公司于2022年2月更换公司负责销售的副总经理。

(2) A公司的主要竞争对手在2022年年末纷纷推出降价促销活动。为了巩固市场份额,A公司于2023年元旦开始全面下调主要产品的零售价,不同规格的主要产品降价幅度从15%到20%不等。

(3) 2022年执行企业会计准则。

要求:

(1) 分别指出上述三个事项是否可能表明存在重大错报风险。如果认为存在,简要说明理由,并分别说明该风险属于财务报表层次还是认定层次。

(2) 如果认为属于认定层次,指出相关事项主要与哪些财务报表项目的哪些认定相关。

4

4. 资料一：ABC 公司是一家生产和销售高端清洁用品的有限责任公司,其产品主要用于星级酒店宾馆和大型饭店,已经占领东北和华北市场,建立了省级或市级经销商网络。2022年,ABC 公司面向全国开拓市场。

资料二：公司所有货物由物流公司运送,计算机发票由销售部开具。

资料三：公司提供的财务报表相关数据显示如表 4-3 所示。

表 4-3   财务报表相关数据   单位：元

项 目	2022 年(年末)	2021 年(年末)	2020 年(年末)
应收账款(年末)	39 560 810	27 765 338	19 820 905
坏账准备(年末)	1 879 830	1 707 400	
营业收入	112 655 260	93 103 520	

资料四：公司董事会确立的 2022 年度销售收入预算目标是增长 20%;公司在 2022 年以放宽信用额度来增加销售收入。

资料五：针对每一笔销售收入,ABC 公司销售部专职秘书将客户订单、客户已签收的送货单以及发票上的客户名称、货物品种、数量、价格进行核对,并在发票记账联上加盖“核对确认无误”章,交给财务部作为确认销售收入的凭证。对数据不符的交易则进行调查并调整,这是 ABC 公司的关键控制之一。

该公司 2022 年度的税前利润为 8 475 623 元,注册会计师决定以税前利润的 5% 来确定财务报表层次重要性水平。

注册会计师对该公司内部控制的了解结果表明,销售与收款循环相关控制设计合理且得到执行。

要求：

(1) 根据上述资料,请你确定财务报表层次重要性水平,并进行风险评估。

(2) 针对应收账款设计进一步审计程序的总体方案。

(3) 如果打算实施控制测试,请针对资料五设计控制测试程序。

(4) 如果控制测试结果表明,没有发现例外情况,相关控制有效运行,请针对应收账款设计实质性程序。

5. ABC 公司是一家大型纺织品生产企业,2022 年主营业务收入为 14 410 000 元,无销售退回与折让,贷方记录一共有 1 251 笔,每笔金额为 1 000～300 000 元。

(1) 根据控制测试的结果,注册会计师将与主营业务收入发生认定有关的重大错报风险评估为"中"水平。

(2) 确定的可容忍错报为 200 000 元。

(3) 总体中有 4 笔金额超过 200 000 元的交易,共计 1 100 000 元。注册会计师决定将这 4 笔交易列为重大项目进行百分之百检查。另外 47 笔金额在 3 000 元以下的交易,共计 310 000 元,注册会计师认为极不重要,不实施审计程序。

(4) 注册会计师对其余交易决定实施审计抽样。注册会计师将总体项目按金额从大到小排序,然后将总体分成金额大致相等的两组。第一组由 300 笔交易组成(金额总计 6 600 000 元),第二组由 900 笔交易组成(金额总计 6 400 000 元)。

(5) 注册会计师决定将样本在两组之间平均分配。从第一组抽出的样本金额合计为 2 000 000 元,从第二组中抽出 1 000 000 元。

(6) 注册会计师对选中的样本及 4 笔重大销售交易追查至原始凭证,必要时函证。

对选取的项目进行检查(包括函证)的结果表明存在高估错报:4 笔重大交易有 1 笔高估 10 000 元,第一组样本中有 1 笔高估 60 000 元,第二组中有 1 笔高估 10 000 元。注册会计师进一步调查后确定这些错报并非舞弊导致。

(7) 注册会计师没有对主营业务收入发生认定实施其他实质性程序,因此其他实质性程序未能发现重大错报的风险为"最高"。

要求:

(1) 计算样本规模。(结果取整)

(2) 完成以下两张错报汇总表(表 4-4、表 4-5)。

(3) 帮助注册会计师对主营业务收入审计情况得出结论。

表 4-4　　　　错报汇总表

组　别	账面总额/元	交易数/个	样本规模/个
第一组			
第二组			
合　计			

表 4-5　　　　错报汇总表

组　别	样本账面金额/元	样本错报金额/元	样本错报数/个	错报金额/元
重大项目	—	—	—	
第一组				
第二组				
合　计				

6. 注册会计师在审计工作底稿中记录了所了解的甲公司基本情况及其环境,部分内容摘录如下:甲公司产品以美元定价,人民币对美元汇率由 2022 年年初的 6.30 元下降至 2022 年 6 月的 6.12 元,之后基本保持稳定。甲公司产品销售价格自 2021 年年初至 2022 年 9 月基本稳定。2022 年 10 月起,受国际环境的影响,甲公司的出口订单数量和销售收入均出现较大幅度减少,2022 年第四季度与前三个季度相比,主要产品平均销售价格(美元)有 7% 的下降。甲公司部分财务数据如表 4-6 所示。

表 4-6 甲公司部分财务数据 单位:万元

项 目	2022 年(未审数)	2021 年(已审数)
营业收入	65 030	55 320
营业成本	55 720	48 180
备 注	2022 年收入目标 6.5 亿元,毛利目标 0.96 亿元	

注册会计师在审计工作底稿中记录了拟实施的实质性程序,部分内容摘录如下:

(1) 计算本年重要产品的毛利率,与上年比较,检查是否存在异常,各年之间是否存在较大波动,并查明原因。

(2) 获取产品销售价格目录,检查销售价格是否符合价格制定政策。

(3) 抽取本年一定数量的发运凭证,检查存货出库日期、品名、数量等是否与销售发票、销售合同、记账凭证等一致。

(4) 抽取本年一定数量的营业收入记账凭证,检查入账日期、品名、数量、单价、金额等是否与销售发票、发运凭证、销售合同等一致。

要求:

(1) 判断甲公司是否可能存在重大错报风险。若存在,该风险与营业收入、应收账款的哪些认定相关?

(2) 判断注册会计师的实质性程序对发现重大错报是否有效。

项目五　审计销售与收款循环

学习指导

一、学习目的与要求

通过本项目的学习,了解销售与收款循环的主要业务活动和涉及的主要凭证,熟悉销售与收款循环的内部控制测试程序,掌握营业收入的确认与计量的检查,掌握营业收入、应收账款审计的实质性程序。

二、学习要点

1. 销售与收款循环涉及的业务活动和凭证记录
2. 销售与收款循环的内部控制及其测试
3. 营业收入的审计目标和实质性程序
4. 应收账款的审计目标和实质性程序

三、重难点问题

1. 销售与收款循环的控制测试
2. 主营业务收入审计的实质性程序
3. 应收账款审计的实质性程序

习题与实训

一、判断题

1. 无论被审计单位采用何种方式销售商品,注册会计师都不应认可其在没有收到货款的情况下确认主营业务收入。　　　　　　　　　　　　　　　　　　　　　　　　　　(　　)

2. 由出纳员定期向客户寄出对账单,促使客户履行合约。　　　　　　　　　(　　)

3. 销售发票是营业收入的主要凭证,审计时应对其采用详查法进行审查。　(　　)

4. 注册会计师应当对应收账款实施函证,除非有充分证据表明应收账款对财务报表不重要,或函证很可能无效。　　　　　　　　　　　　　　　　　　　　　　(　　)

5. 对销售单、装运单等重要原始凭证预先连续编号,注册会计师不应认为这项控制设计合理。　　　　　　　　　　　　　　　　　　　　　　　　　　　　　　　　　(　　)

6. 分析应收账款的账龄,可以了解应收账款的可回收性,但不能确定坏账准备计提是否充分。（　　）

7. 对主营业务收入实施截止测试,其目的主要在于确定主营业务收入的会计记录归属期是否正确。（　　）

8. 如果对应收账款实施函证不能获取充分适当的审计证据,注册会计师应当实施替代审计程序。（　　）

9. 应收账款的询证函应由被审计单位签章和寄发。（　　）

10. 对于未曾发货却将销货交易登记入账的情况,注册会计师可以从主营业务收入明细账中抽取几笔,追查有无装运单及其他凭证。（　　）

11. 为了测试被审计单位是否按月向顾客寄出对账单,审计人员可以实施有效的控制测试观察被审计单位指定人员寄送对账单以及检查顾客复函档案。（　　）

12. 企业规定赊销、发货均需要经过审批,主要目的在于保证销售交易按照企业定价政策规定的价格开票收款。（　　）

13. 审计人员通常通过观察被审计单位有关人员的活动,以及与这些人员进行讨论,来实施对被审计单位相关职责是否分离的控制测试。（　　）

14. 审计人员测试被审计单位销售分类是否恰当时,一般会和截止测试一并进行。（　　）

15. 被审计单位应将销售收入及时入账,不得账外设账,不得擅自坐支现金,同时由销售人员收取销售款并将其交给财务部门。（　　）

16. 如果被审计单位的商品销售中存在附有销售退回条件的业务,审计人员应该建议被审计单位在退货期满时确认收入。（　　）

17. 对被审计单位发生的销售退回业务,审计人员应建议其不论销售退回的商品是本年销售的还是以前年度销售的,均应冲减退回当期的销售收入与销售成本。（　　）

18. 在对主营业务收入进行截止测试时,若以账簿记录为起点,其目的是证实已入账收入是否在同一期间开具发票并发货,有无多计收入。（　　）

19. 如果不对应收账款函证,审计单位应当在工作底稿中说明理由。（　　）

20. 一般情况下,审计人员不对交易频繁但期末余额较小甚至为零的项目进行函证。（　　）

21. 审计人员在编制被审计单位的应收账款账龄分析表时,不管是否为重要客户,其金额都应该单独列示,以便审计人员进行分析。（　　）

22. 如果被审计单位应收账款有贷方发生额,则审计人员可以认可被审计单位当时入账的销售业务是真实的。（　　）

23. 对未曾发货而将销售交易登记入账的情况,注册会计师可以从主营业务收入明细账中抽查几笔记录,追查有无发货单与装运凭证。（　　）

24. 应收账款函证收回询证函后,将重要的回函复制给被审计单位以帮助催收货款。（　　）

25. 审计人员计划测试主营业务收入的完整性,采取测试程序是从发运凭证中选取样本,追查至销售发票存根和主营业务收入明细账。（　　）

26. 应收账款贷方发生额是注销坏账或长期挂账,说明入账的销售业务是虚构的。（　　）

27. 被审计单位向虚构的客户发货并作为收入登记入账,这将涉及完整性认定。　　（　　）

28. 被审计单位对售出的商品由收款员对每笔销货开具账单后,将发运凭证按顺序归档,且收款员定期检查全部凭证的编号是否连续,注册会计师认可了该做法。　　（　　）

29. 资产负债表日就是实施函证的截止日。　　（　　）

30. 预收账款若存在借方余额,审计人员应建议被审计单位进行重分类调整。　　（　　）

二、单项选择题

1. 应收账款函证的时间通常为（　　）。
   A. 被审计年度期初　　　　　　　　　B. 被审计年度期中
   C. 与资产负债表日接近的时间　　　　D. 在资产负债表日后适当时间

2. 若在主营业务收入总账、明细账中登记并未发生的销售,存在错报的管理层认定是（　　）。
   A. 发生　　　　　B. 完整性　　　　　C. 权利与义务　　　　D. 分类

3. 注册会计师检查销售发票时,不需要核对的项目是（　　）。
   A. 相关的销售单　　　　　　　　　　B. 相关的顾客订单
   C. 相关的货运文件　　　　　　　　　D. 有关往来函件

4. 注册会计师执行应收账款函证程序的主要目的是（　　）。
   A. 判断是否符合专业标准的要求
   B. 确定应收账款能否收回
   C. 确定应收账款是否存在
   D. 判定被审计单位入账的坏账损失是否适当

5. 销售与收款循环所涉及的财务报表项目不包括（　　）。
   A. 销售费用　　　　B. 营业收入　　　　C. 应交税费　　　　D. 所得税费用

6. 被审计单位"销售费用明细账"记录下列费用项目,应予以确认的是（　　）。
   A. 车间的折旧费　　　　　　　　　　B. 常设销售机构经费
   C. 管理部门人员工资　　　　　　　　D. 为购货单位垫付的运杂费

7. 销售与收款循环的起点是（　　）。
   A. 接受顾客订单　　　　　　　　　　B. 向客户提供商品或劳务
   C. 商品或劳务转化为应收账款　　　　D. 收到款项

8. 审查应收账款的最重要的实质性程序应是（　　）。
   A. 函证　　　　　B. 询问　　　　　C. 观察　　　　　D. 重新执行

9. 应收账款询证函的寄发应当由（　　）完成。
   A. 客户　　　　　　　　　　　　　　B. 客户的会计机构负责人
   C. 注册会计师　　　　　　　　　　　D. 客户的律师

10. 应收账款询证函的签章者应当是（　　）。
    A. 客户　　　　B. 会计师事务所　　　　C. 注册会计师　　　　D. 客户的律师

11. 下列各项中,不属于销售与收款循环中的活动的是（　　）。
    A. 处理客户订单　　　　　　　　　　B. 向顾客开具账单
    C. 注销坏账　　　　　　　　　　　　D. 确认与记录负债

12. 被审计单位销售时采用现金折扣的方式,如果购货方实际享受了现金折扣,被审计单位对现金折扣应作的正确会计处理是(   )。

    A. 冲减当期主营业务收入   B. 增加当期财务费用

    C. 增加当期主营业务成本   D. 增加当期销售费用

13. 审计人员为了审查被审计单位是否有提前确认收入的情况,所采取的最有效的审计程序是(   )。

    A. 以账簿记录为起点做销售业务的截止测试

    B. 以销售发票为起点做销售业务的截止测试

    C. 以发运凭证为起点做销售业务的截止测试

    D. 向债务人函证

14. 应收账款审计的目标不包括(   )。

    A. 确定应收账款是否存在

    B. 确定应收账款是否归被审计单位所有

    C. 确定应收账款和坏账准备期末余额是否正确

    D. 确定应收账款的可收回性

15. 对赊销业务,被审计单位都会设计信用批准制度,目的在于降低发生坏账的风险,这项控制与应收账款的(   )认定有关。

    A. 存在   B. 准确性、计价和分摊

    C. 完整性   D. 权利和义务

16. 被审计单位管理人员、附属公司所欠款项应与客户的欠款分开记录,是被审计单位确保其关于应收账款(   )认定的重要方法。

    A. 存在   B. 完整性   C. 权利与义务   D. 分类

17. 如果应收账款明细账出现贷方余额,审计人员应当编制重分类分录提请被审计单位调整相关报表,以便在资产负债表的(   )项目中反映。

    A. 应收账款   B. 预付账款   C. 应收票据   D. 预收款项

18. 对通过函证无法证实的应收账款,审计人员应当执行的最有效的审计程序是(   )。

    A. 重新测试相关的内部控制

    B. 抽查有关原始凭据,如销售合同、销售订单、销售发票副本及发运凭证等

    C. 实施实质性程序

    D. 审查资产负债表日后的收款情况

19. 下列对询证函的处理方法中,正确的是(   )。

    A. 在粘封询证函时进行统一编号

    B. 寄发询证函,并将重要的询证函复制给被审计单位进行催收

    C. 有部分询证函直接交给被审计单位的业务员,由其到被询证单位盖章后取回

    D. 有部分询证函要求被询证单位传真至被审计单位,并将原件盖章后寄至会计师事务所

20. 下列关于审计人员是否实施应收账款函证程序的说法中,正确的是(   )。

    A. 对上市公司财务报表执行审计时,审计人员应当实施应收账款函证程序

    B. 如果在收入确认方面不存在舞弊导致的重大错报风险,审计人员可以不实施应收账款函证程序

    C. 如果有充分证据表明函证很可能无效,审计人员可以不实施应收账款函证程序

    D. 对小型企业财务报表执行审计时,审计人员可以不实施应收账款函证程序

21. 下列不是应收账款审计目标的是(　　　)。

A. 确定应收账款是否存在

B. 确定应收账款记录的完整性

C. 确定应收账款的收回日期

D. 确定应收账款在财务报表上披露的恰当性

22. 在一个内部控制健全的企业,下列部门中,负责应收账款催收的通常是(　　　)。

A. 销售部门　　　　　B. 财务部门　　　　　C. 法务部门　　　　　D. 信用管理部门

23. 如果应收账款明细账出现贷方余额,注册会计师应当提请被审计单位编制重分类分录,以便在资产负债表中反映的项目是(　　　)。

A. 应付账款　　　　　B. 预付款项　　　　　C. 应收账款　　　　　D. 预收款项

24. 下列关于销售业务收款环节的控制措施中,说法错误的是(　　　)。

A. 财会部门负责应收款项融资或应收账款的催收,催收记录应妥善保存

B. 企业应当关注商业票据的取得、贴现和背书,对已贴现但仍承担收款风险的票据以及逾期票据,应当进行追索监控和跟踪管理

C. 企业应当指定专人通过函证等方式,定期与客户核对应收账款、应收票据、预收账款等往来款项

D. 财会部门负责办理资金结算并监督款项回收

25. 下列关于职责分离的表述中,错误的是(　　　)。

A. 主营业务收入总账和主营业务收入明细账应由不同人员登记

B. 出纳人员与固定资产卡片账保管应相互分离

C. 负责主营业务收入和应收账款记账的职员不得经手货币资金

D. 编制销售发票通知单的人员与开具销售发票的人员应相互分离

26. 下列各项中,属于销售截止测试的主要目的是(　　　)。

A. 确定销售交易是否真实存在

B. 确认每笔销售交易均已在账上记录

C. 确定营业收入的会计记录归属期是否正确

D. 确认交易的金额是否记录准确

27. 注册会计师实施应收账款函证程序,针对未回函的应收账款,下列做法中正确的是(　　　)。

A. 重新考虑控制测试的结果是否适当

B. 扩大函证范围

C. 估算应收账款总额中可能出现的累计差错

D. 检查销售合同、销售订购单、销售发票副本、出库单及期后收款单据等原始凭证

28. 以下关于销售与收款循环的内部控制中,注册会计师认为与营业收入的发生认定直接相关的是(　　　)。

A. 赊销业务需经信用管理部门审批

B. 仓储部门收到经审批的销售单后才能安排供货

C. 开票人员无权修改系统中已设置好的商品价目清单

D. 财务人员根据销售单、客户签收单和销售发票确认收入

29. 注册会计师在了解被审计单位销售与收款循环相关的内部控制时注意到,在日常交易过

程中,被审计单位将货物运抵指定地点后,需由客户验收无误并取得其签署的验收单,并将其作为确认收入的重要凭据。注册会计师认为该控制活动与销售交易的(　　)认定直接相关。

A. 准确性　　　　B. 发生　　　　C. 存在　　　　D. 完整性

30. 下列各项销售与收款循环相关的内部控制,存在控制缺陷的是(　　)。

A. 某长期客户临时申请延长信用期需由销售部经理批准

B. 每季度末,财务部向客户寄送对账单

C. 企业定期对应收账款的信用风险进行评估,并根据预期信用损失计提坏账准备

D. 企业在批准客户订购单之后,签订销售合同,并编制一式多联的销售单

三、多项选择题

1. 如果应收账款账龄分析表是被审计单位提供的,注册会计师应(　　)。

A. 弃之不用,重新独立编制

B. 复核其中的计算是否有误

C. 将分析表中的合计数与应收账款总账的余额相核对

D. 从分析表所列项目中抽出样本与应收账款明细账余额相核对

2. 关于应收账款询证函的回收,下列做法中,不正确的有(　　)。

A. 直接寄给被审计单位

B. 直接寄给会计师事务所

C. 寄给被审计单位或会计师事务所均可

D. 直接寄给被审计单位,由被审计单位转交会计师事务所

3. 下列属于应收账款的函证对象的有(　　)。

A. 账龄较长的项目　　　　　　　B. 重大关联方交易

C. 可能存在争议的交易　　　　　D. 金额较大的项目

4. 实施销售截止测试的三种方法包括(　　)。

A. 以账簿记录为起点,追查至发票存根与装运单

B. 以销售发票为起点,追查至装运单与账簿记录

C. 以装运单为起点,追查至发票开具情况与账簿记录

D. 以顾客订单为起点,追查至装运单

5. 注册会计师可实施应收账款函证的替代程序包括(　　)。

A. 检查销售合同、顾客订单、销售发票及装运单等记录与文件

B. 检查应收账款日后收款的记录与凭证,如银行进账单

C. 检查被审计单位与客户之间的函电记录

D. 询问应收账款记账人员

6. 审计人员对销售和收款循环业务进行审计时,商品价格表这样的证据并不能证明与交易相关的(　　)认定。

A. 权利与义务　　B. 准确性　　　C. 发生　　　　D. 完整性

7. 为了验证"登记入账的消费交易确系已经发货给真实的客户",审计人员常用的控制测试包括(　　)。

A. 检查销售发票副联是否附有发运凭证及销售单

B. 检查客户的赊购是否经授权批准

C. 检查销售发票连续编号的完整性

D. 观察是否寄发对账单,并检查客户回函档案

8. 销售交易的不相容岗位分离通常不包括（　　　　）。

A. 企业在销售合同订立前,应当指定专门人员就销售价格、信用政策、发货及收款方式等具体事项与客户进行谈判。谈判人员应有两人以上,并与订立合同的人员相分离

B. 销售人员应当避免接触销货现款

C. 企业应收票据的取得和贴现必须经由保管票据以外的主管人员的书面批准

D. 赊销批准职能与销售职能的分离,也是一种理想的控制

9. 对被审计单位以下有关收款业务内部控制的内容,审计人员应特别关注（　　　　）。

A. 被审计单位应当定期与往来客户通过核对账单等方式核对应收账款、应收票据、预收账款等往来款项,如有不符,应查明原因,及时处理

B. 被审计单位应将销售收入及时入账,不得账外设账,不得擅自坐支现金

C. 被审计单位应收票据的取得和贴现必须经由保管票据以外的主管人员的书面批准

D. 被审计单位注销的坏账应当进行备查登记,做到账销案存

10. ABC 公司按销售合同约定常年向客户 Y 公司销售 A 商品,对方确定的销售价格为每件 1 000 元,发货的数量由 Y 公司电话通知 ABC 公司,每月月末结算货款,但运输方式没有具体商定。编制 2022 年度财务报表时,ABC 公司将 2022 年 12 月份发生的下列销售业务确认为营业收入,不认可的有（　　　　）。

A. 12 月 8 日,向 Y 公司雇佣的物流公司发出 A 商品 2 000 件,但年底尚未运达

B. 12 月 28 日,Y 公司要求向火车站发运 1 500 件,预计于次月 5 日安排车辆运输

C. 12 月 30 日,ABC 公司安排运输车向 Y 公司发运 600 件,预计第二天可以到达

D. 12 月 6 日,ABC 公司雇佣运输公司承运 800 件,因发生车祸,商品全部毁损,但运输公司已按销售价格全数赔偿

11. 下列关于 W 公司确认收入的表述中,正确的有（　　　　）。

A. 销售商品涉及商业折扣的应该按照扣除商业折扣后的金额确定销售商品收入金额

B. 合同或协议价款的收取采用递延方式,例如,分期收款销售商品,实质上具有融资性质,应当按照应收的合同或协议价款确定销售商品收入金额

C. 根据收入和费用配比原则,与同一项销售有关的收入和成本应在同一会计期间予以确认

D. 卖方仅仅为了到期收回货款而保留商品的法定产权,则销售成立,相应的收入应予以确认

12. 在对被审计单位的主营业务收入进行审计时,审计人员应重点关注与被审计单位的主营业务收入的确认有密切关系的日期,具体包括（　　　　）。

A. 记账日期　　　　　　　　　　B. 发货日期或提供劳务日期

C. 资产负债表日　　　　　　　　D. 发票开具日期

13. 下列关于销售业务截止测试的说法中,正确的有（　　　　）。

A. 从资产负债表日前后若干天的账簿记录追查至销售记账凭证,检查发票存根与发运凭证,以查找有无多记收入的情况

B. 从资产负债表日前后若干天的发运凭证追查至销售记账凭证,检查发票存根与发运凭证,以查找有无少记收入的情况

C. 从资产负债表日前后若干天的发运凭证追查至销售记账凭证,检查发票存根与发运凭证,以查找有无多记收入的情况

D. 从资产负债表日前后若干天的发运凭证追查至销售发票存根,检查记账凭证和账簿记录,以查找有无少记收入的情况

14. 审计人员对主管业务收入实施截止测试的目的主要包括(　　　　　)。

A. 应归入下期的业务是否被提前到本期

B. 凭证的日期与账簿记录的日期是否接近

C. 应归入本期的业务是否被推迟到下期

D. 所测试账户的会计记录归属期是否正确

15. 在审计人员寄发的企业应收账款询证函中,属于积极式询证函语句的有(　　　　　)。

A. 若款项在上述日期之后已经付清,仍请及时复函为盼

B. 回函请直接寄往 W 会计师事务所

C. 如与贵公司记录相符,请在本函"数据证明无误"处签章证明

D. 如与贵公司记录不符,请在本函"数据不符"处列明不符金额

16. 在确定函证时间时,下列做法中,正确的有(　　　　　)。

A. 如果被审计单位与应收账款相关认定的重大错报风险低,在预审时(资产负债表日前)函证

B. 在年终对存货监盘的同时,对应收款项进行函证

C. 项目小组进驻审计现场后,立即进行函证

D. 为减少函证回函差异,在执行其他审计程序后函证

17. 下列情形中,审计人员可考虑采用消极的函证方式的有(　　　　　)。

A. 重大错报风险评估为较低　　　　　　B. 预期不存在大量的错误

C. 涉及大量余额较小的账户　　　　　　D. 重大关联方交易

18. 对被审计单位在被审计期间内发生的坏账损失,审计人员应检查(　　　　　)。

A. 有无已进行坏账处理后又重新收回的应收账款

B. 前后各期是否一致

C. 发生坏账损失的原因是否清楚

D. 有无授权批准

19. A 公司 2022 年度营业收入比 2021 年度增加 10%,营业成本下降 5%,在行业环境未发生重大变化的情况下,可能存在重大错报风险的领域包括(　　　　　)。

A. 营业收入的发生认定　　　　　　　　B. 营业成本的发生认定

C. 营业收入的完整性认定　　　　　　　D. 营业成本的完整性认定

20. 下列各项中,属于被审计单位通常采用的收入确认舞弊手段的有(　　　　　)。

A. 虚增收入　　　　　　　　　　　　　B. 提前确认收入

C. 少计收入以降低税负　　　　　　　　D. 推迟确认收入以转移利润

21. 下列各项审计程序中,可以为营业收入发生认定提供审计证据的有(　　　　　)。

A. 从营业收入明细账中选取若干记录,检查相关原始凭证

B. 对应收账款余额实施函证

C. 检查应收账款明细账的贷方发生额

D. 调查本年新增客户的工商资料、业务活动及财务状况

22. 下列关于应收账款函证的说法中,正确的有(　　　　　)。

A. 若应收账款在全部资产中所占的比重较大,则函证的范围应相应扩大

B. 如果有充分证据表明应收账款对被审计单位财务报表不重要,注册会计师在审计工作

底稿中说明理由后,可以不实施函证

C. 不能采用消极方式实施应收账款的函证

D. 如果回函中存在不符事项,表明该项应收账款存在错报

23. 下列关于注册会计师对于应收账款的函证决策中,正确的有(　　　　)。

A. 注册会计师一般应当对应收账款进行函证

B. 当有充分证据表明应收账款对财务报表不重要并且函证很可能无效时,可以不函证

C. 如果不对应收账款进行函证注册会计师应当在工作底稿中说明原因

D. 如果认为函证很可能是无效的,注册会计师应当实施替代程序

24. 下列各项审计程序中,属于实质性分析程序的有(　　　　)。

A. 复核应收账款借方累计发生额与主营业务收入关系是否合理

B. 复核应收账款总账与明细账合计数是否相符

C. 计算应收账款周转率,与以前年度及行业平均水平比较

D. 测试应收账款预期信用损失计算表计算的准确性

25. 在主营业务收入的审计中,注册会计师常用的分析程序有(　　　　)。

A. 将本期与上期的主营业务收入进行比较

B. 检查以非记账本位币结算的主营业务收入使用的折算汇率及折算是否正确

C. 将本期重要产品的毛利率,与上期比较

D. 比较本期各月主营业务收入的波动情况

四、实训题

1. 注册会计师李达负责对甲公司 2022 年 12 月 31 日的销售与收款业务内部控制进行测试。李达了解到,甲公司将客户验货签收作为销售收入确认的时点。部分与销售相关的内部控制内容摘录如下:

(1) 每笔销售业务均须与客户签订销售合同。

(2) 赊销业务必须由专人进行信用审批。

(3) 仓库只有在收到经批准的发货通知单时才能供货。

(4) 负责开具发票的人员无权修改开票系统中已设置好的商品价目表。

(5) 财务人员根据核对一致的销售合同、客户签收单和销售发票编制记账凭证并确认销售收入。

(6) 每月月末,由独立人员对应收账款明细账和总账进行调节。

要求:

(1) 针对上述(1)~(6)项所列控制,逐项指出是否与销售收入的发生认定直接相关。

(2) 从所选出的与销售收入的发生认定直接相关的控制中,选出一项最应当测试的控制,并简要说明理由。

5

2. 注册会计师李达负责审计甲公司 2022 年度财务报表。A 在审计工作底稿中记录了甲公司针对以下三项与销售与收款循环相关的风险设计内部控制。

（1）风险：向客户提供过长信用期而增加坏账损失风险。

内部控制：客户的信用期由信用管理部审核批准。如果长期客户临时申请延长信用期，由销售部经理批准。

（2）风险：已记账的收入未发生或不准确。

内部控制：财务人员将经批准的销售订单、客户签字确认的发运凭单及发票所载信息相互核对无误后，编制记账凭证（附上述单据），经财务部经理审核后入账。

（3）风险：应收账款记录不准确。

内部控制：每季度末，财务部向客户寄送对账单。若客户未及时回复，销售人员需要跟进；若客户回复表明差异超过该客户欠款余额的 5% ，则进行调查。

要求：假定不考虑其他条件，逐项指出资料中所列控制的设计是否存在缺陷。如果认为存在缺陷，简要说明理由。

3. 某公司系公开发行 A 股的上市公司,审计人员于 2023 年年初对某公司 2022 年度财务报表进行审计。经初步了解,某公司 2022 年度的经营形势、管理及经营机构与 2021 年度比较未发生重大变化,且未发生重大重组行为。为确定重点审计领域,审计人员拟实施分析程序。某公司 2022 年度未审利润表及 2021 年度已审利润表如表 5-1 所示。

表 5-1　　　　　　　　　　2021—2022 年度相关利润表数据　　　　　　　　　　单位:万元

项　　目	2022 年度(未审数)	2021 年度(审定数)
营业收入	104 300	58 900
减:营业成本	91 845	53 599
税金及附加	560	350
销售费用	2 800	1 610
管理费用	2 380	3 260
财务费用	180	150
营业利润	6 895	231
加:营业外收入	100	150
减:营业外支出	260	300
利润总额	6 735	81
减:所得税费用(所得税税率 25%)	800	0
净利润	5 935	81

要求:请分析某公司可能存在的问题,并提出审计建议。

4. 某企业按应收账款余额的 3‰ 计提坏账准备,坏账准备账户年初贷方余额为 6 000 元,借方发生额为 3 000 元。另外,去年已注销的坏账今年收回 1 000 元,该企业作如下分录:

借:银行存款　　　　　　　　　　　　　　　　　　　　　　1 000

　　贷:其他应付款　　　　　　　　　　　　　　　　　　　　　　1 000

年末应收账款余额为 800 000 元,会计人员计提坏账准备金,作如下分录:

借:资产减值损失——计提的坏账准备　　　　　　　　　　　2 400

　　贷:坏账准备　　　　　　　　　　　　　　　　　　　　　　2 400

要求:请指出该企业这样进行账务处理是否正确。如果不正确,请进行正确的账务处理并说明理由。

5. 注册会计师李达负责审计甲公司 2022 年度财务报表。甲公司 2022 年 12 月 31 日应收账款余额为 3 000 万元。李达认为应收账款存在重大错报风险,决定选取金额较大以及风险较高的应收账款明细账户实施函证程序,选取的应收账款明细账户余额合计为 1 800 万元。

(1) 审计项目组成员要求被询证的甲公司客户将回函直接寄至会计师事务所,但甲公司客户 X 公司将回函直接寄至甲公司财务部,审计项目组成员取得该回函,将其归入审计工作底稿。

(2) 审计项目组成员根据甲公司财务人员提供的电子邮箱地址,向甲公司境外客户 Y 公司发送电子邮件,询证应收账款余额,并收到电子邮件回复。Y 公司确认余额准确无误。审计项目组成员将电子邮件打印后归入审计工作底稿。

(3) 甲公司客户 Z 公司的回函确认金额比甲公司账面余额少 150 万元。甲公司销售部人员解释,甲公司于 2022 年 12 月月末销售给 Z 公司的一批产品,在 2022 年年末尚未开具销售发票,Z 公司因此未入账。李达认为该解释合理,未实施其他审计程序。

(4) 实施函证的 1 800 万元应收账款余额中,审计项目组未收到回函的余额合计 950 万元,审计项目组对此实施替代程序:对其中的 500 万元查看期后收款凭证;对没有期后收款记录的 450 万元,检查与这些余额相关的销售合同和发票,未发现例外事项。

(5) 鉴于对 60% 应收账款余额实施函证程序未发现错报,李达推断其余 40% 的应收账款余额也不存在错报,无须实行进一步审计程序。

要求:针对上述事项,逐项指出审计项目组的做法是否恰当。如果不恰当,简要说明理由。

5

6.某企业主要从事汽车轮胎的生产和销售,其销售收入主要来源于国内销售和出口销售。仲桥会计师事务所负责某企业2022年度财务报表审计,并委派注册会计师李芳担任项目负责人。

资料一:

(1)某企业的收入确认政策:对国内销售,在将产品交付客户并取得客户签字的收货确认单时确认收入;对出口销售,在相关产品取得装船单时确认收入。

(2)某企业的会计信息系统中,国内客户和国外客户的编号分别以D和E开头。

(3)2022年12月31日,中国人民银行公布的人民币对美元汇率为1美元=6.8元人民币。

资料二:

某企业编制的应收账款账龄分析表摘录如表5-2、表5-3所示。

表5-2 2022年12月31日账龄分析 单位:万元

客户类别	原币	人民币	账 龄 分 布			
			1年以内(含1年)	1~2年(含2年)	2~3年(含3年)	3年以上
国内客户		41 158	28 183	7 434	4 341	1 200
国外客户	2 046美元	15 345	10 981	2 164	2 200	0
合 计		56 503	39 164	9 598	6 541	1 200

表5-3 2021年12月31日账龄分析 金额单位:万元

客户类别	原币	人民币	账 龄 分 布			
			1年以内(含1年)	1~2年(含2年)	2~3年(含3年)	3年以上
国内客户		31 982	23 953	4 169	3 860	0
国外客户	2 006美元	14 046	11 337	2 539	170	0
合 计		46 028	35 290	6 708	4 030	0

要求:结合资料一,假定不考虑其他条件,指出资料二中应收账款账龄分析表存在哪些不当之处,并简单说明理由。

五、案例分析题

1. 注册会计师在查阅 M 公司财务报表时,发现 2022 年 12 月份"主营业务收入""应收账款"账户较以往各期发生额有较大幅度增加,注册会计师怀疑有虚列收入、虚增利润的问题。于是根据账簿记录调阅有关记账凭证,发现 2022 年 12 月 20 日第 58♯记账凭证的会计分录为:

借:应收账款   10 170 000

 贷:主营业务收入   9 000 000

  应交税费——应交增值税(销项税额)   1 170 000

2022 年 12 月 23 日,第 60♯记账凭证会计分录为:

借:应收账款   1 170 000

 贷:应交税费——应交增值税(销项税额)   1 170 000

经审查,上述两张记账凭证均无任何原始凭证,两笔业务在"库存商品"明细账和"应收账款"明细账中均未作登记,准备于 2023 年年初将上述分录作销售退回处理。该公司坏账准备按应收款项年末余额的 1% 计提。

要求:分析存在的问题,提出处理意见,并编制审计调整分录。

2. 注册会计师 2023 年 2 月 25 日在审查 M 公司 2022 年 12 月份银行存款日记账时,发现 2022 年 12 月 20 日摘要栏中注明预收某产品货款,金额为 300 000 元。查阅相应的凭证,其会计分录为:

借:银行存款   300 000

 贷:主营业务收入   300 000

该凭证所附的原始凭证仅是一张信汇收账通知,无发票记账联,经过询问当事人并调阅有关销售合同,该款为预收某单位产品预购款,产品交货时间为 2023 年 1 月 5 日。

要求:分析存在的问题,提出处理意见,并编制审计调整分录。

3. M公司法定盈余公积金计提比例为10%,所得税税率为25%。M公司2022年年末应收账款总账余额为2 400万元,其所属明细账中借方余额的合计数为2 600万元,贷方余额的合计数为200万元。"坏账准备——应收账款"明细账户有贷方余额10万元。该公司采用年末应收账款余额百分比法计提坏账准备,计提比例为10%,本年计提金额为230万元。

要求:指出M公司坏账准备计提存在的问题,并分析对资产负债表和利润表的影响。

4. 在对A公司2022年度财务报表审计中,注册会计师了解和测试与应收账款相关的内部控制后,将控制风险评估为高水平;取得2022年12月31日的应收账款明细表,并于2023年1月15日采用积极式函证方式对所有重要客户寄发询证函。部分函证结果如表5-4所示。

表5-4　　　　　　　　　　与函证结果相关的重要异常情况汇总表

异常情况	函证编号	客户名称	询证金额/元	回函日期	回函内容
①	22	甲公司	300 000	2023年1月22日	购买Y公司300 000元货物属实,但款项已于2022年12月25日用支票支付
②	56	乙公司	500 000	2023年1月19日	因产品质量不符合要求,根据购货合同,于2022年12月28日将货物退回
③	64	丙公司	800 000	2023年1月17日	大体一致
④	82	丁公司	550 000	2023年1月21日	贵公司12月30日的第585号发票(金额为550 000元)系目的地交货,本公司收货日期为2023年1月6日,因此询证函所称12月31日欠贵公司账款之事与事实不符
⑤	134	戊公司	600 000	因地址错误,被邮局退回	——
⑥	161	己公司	580 000	2023年1月20日	本公司会计处理系统无法复核贵公司的对账单

要求:分析注册会计师针对顾客复函中提出的意见,应当如何应对。

5. 2022 年 12 月 15 日,A 公司向 B 企业售出一批商品,开出的增值税专用发票上注明价款为 100 万元,增值税税额为 13 万元,该批商品成本为 80 万元,12 月 15 日发出商品,并于当天收到全部款项。协议约定 B 企业于 2023 年 3 月 15 日前有权退回商品。A 公司无法合理估计该批商品的退货率。2022 年 12 月 15 日发出商品时该公司会计处理如下:

借:银行存款　　　　　　　　　　　　　　　　　　　　　　　　　 1 130 000
　　贷:主营业务收入　　　　　　　　　　　　　　　　　　　　　 1 000 000
　　　　应交税费——应交增值税(销项税额)　　　　　　　　　　　 130 000
借:主营业务成本　　　　　　　　　　　　　　　　　　　　　　　　 800 000
　　贷:库存商品　　　　　　　　　　　　　　　　　　　　　　　　 800 000

要求:分析存在的问题,提出处理意见,并编制审计调整分录。

6. 2022 年 12 月 31 日,A 公司的资产负债表"应收账款"项目的数额为 1 584 000 元,应收账款总账余额为 1 600 000 元,坏账准备相应明细账余额为 16 000 元。应收账款 Z 公司明细账有贷方余额 180 000 元,经查系 Z 公司的预付货款,尚未履行供货合同。该公司按应收账款余额的 1‰ 计提坏账准备。

要求:分析存在的问题,提出处理意见,并编制审计调整分录。

7. 注册会计师李萍在对 B 公司的销售与收款循环的内部控制进行测试时,注意到下列情况:

（1）根据批准的顾客订单,销售部编制预先连续编号的一式三联现销或赊销销售单。经销售部被授权人员批准后,所有销售单的第一联直接送至仓库作为按销售单供货和发货给装运部门的授权依据,第二联交给开具账单部门,第三联由销售部留存。

（2）仓库部门根据批准的销售单供货,装运部门将从仓库提取的商品与销售单核对无误后装运,并编制一式四联预先连续编号的发运单,其中三联及时分送至开具账单部门、仓库和顾客,一联留存于装运部门。

（3）开具账单部门在收到发运单并与销售单核对无误后,编制预先连续编号的销售发票,并将其连同发运单和销售单及时送交给会计部门。会计部门在核对无误后由财务部门职员王某据以登记销售收入和应收账款明细账。

（4）由负责登记应收账款备查簿的人员在每月月末定期给顾客寄送对账单,并对顾客提出的异议进行专门追查。

要求:分析 B 公司内部控制是否存在缺陷。如果有,请指出,说明理由并提出改进建议。

8. 注册会计师在函证应收账款时,可能未收到个别债务人对积极式询证函的答复,请回答:

（1）未得到询证函回函的可能原因有哪些?

（2）若第二次发出询证函仍未得到答复,注册会计师应如何实施进一步审计程序?

9. 以下是关于应收账款函证的发出和收回的情况描述：

（1）被询证者与被审计单位的关联方同在一幢办公楼，因此回函由被审计单位的关联方工作人员转交注册会计师。

（2）审计项目组持续在被审计单位办公场所开展现场审计工作，为及时收函，回函均寄送至被审计单位前台，由注册会计师集中取回。

（3）被审计单位从事配送业务。为提高效率，注册会计师委托被审计单位的派送业务员向供应商寄送函证。

（4）在被审计单位业务人员的陪同下，注册会计师前往某大客户处跟函，业务人员负责与该客户工作人员核对函证内容，在此期间，注册会计师与该客户的管理层访谈双方合作情况。

（5）注册会计师拟通过电子方式发送询证函。注册会计师登入被审计单位财务人员提供的电子函证平台网址，并录入拟函证的相关信息。

要求：讨论上述做法是否恰当，并说明理由。

项目六　审计采购与付款循环

学习指导

一、学习目的与要求

通过本项目的学习,了解采购与付款循环的主要业务活动和涉及的主要凭证,熟悉采购与付款循环的内部控制测试程序,掌握应付账款、固定资产的确认与计量的检查,掌握应付账款、固定资产审计的实质性程序。

二、学习要点

1. 采购与付款循环涉及的业务活动和凭证记录
2. 采购与付款循环的内部控制及其测试
3. 应付账款的审计
4. 固定资产的审计

三、重难点问题

1. 采购与付款循环的控制测试
2. 应付账款审计的实质性程序
3. 固定资产审计的实质性程序

习题与实训

一、判断题

1. 一个良好的应付账款内部控制,在收到购货发票后,应立即送交会计部门登记入账。
（　　）

2. 将"累计折旧"账户贷方的本期计提折旧额与相应的成本费用的折旧费用明细账户的借方相比较,可以查明本期计提折旧是否已全部摊至本期成本或费用之中。　（　　）

3. 在检查固定资产披露是否恰当时,只需关注其在财务报表附注中的披露是否恰当。
（　　）

4. 通过审查关于固定资产所有权的有关书面文件,可以实现固定资产所有权认定目标。
（　　）

5. 应付账款不需要函证,这是因为函证不能保证查出未记录的应付账款,况且注册会计师能够取得购货发票等外部凭证来证实应付账款的余额。　　　　　　　（　　）

6. 将本年计提折旧额与固定资产总成本的比率同上年比较,旨在发现累计折旧核算的错误。　　　　　　　　　　　　　　　　　　　　　　　　　　　　　（　　）

7. 固定资产增加审计的主要目的在于审查固定资产增加的合规性、固定资产计价的正确性及会计处理的适当性。　　　　　　　　　　　　　　　　　　　　　　（　　）

8. 注册会计师实地观察固定资产的重点为本期增加的固定资产。　　　　（　　）

9. 如果某一应付账款明细账户期末余额为零,注册会计师就不需要将其列为函证对象了。　　　　　　　　　　　　　　　　　　　　　　　　　　　　　　（　　）

10. 内部控制良好的企业,在收到商品时应由负责验收的人员将商品同订单仔细核对后编制验收单。　　　　　　　　　　　　　　　　　　　　　　　　　　（　　）

11. 注册会计师在检查未入账应付账款的审计程序中,最有效的是函证应付账款。
　　　　　　　　　　　　　　　　　　　　　　　　　　　　　　　　（　　）

12. 企业对已计提减值准备的固定资产不再重新计算折旧,注册会计师应认可这种做法。
　　　　　　　　　　　　　　　　　　　　　　　　　　　　　　　　（　　）

13. 检查固定资产减少业务的主要目的在于检查因不同原因而减少的固定资产的会计处理是否符合有关规定,相关的数额计算是否正确。　　　　　　　　　　　　（　　）

14. 因为多数舞弊企业在低估应付账款时,以漏记赊购业务为主,所以函证无法寻找未入账的应付账款。　　　　　　　　　　　　　　　　　　　　　　　　　（　　）

15. 如果发生重复付款、付款后退货、预付货款等因素导致某些应付账款账户出现较大借方余额,审计人员除了在审计工作底稿中编制建议调整的重分类分录之外,还应建议被审计单位将这些借方余额在资产负债表中列示为资产。　　　　　　　　　　　　（　　）

16. 固定资产的保险不属于企业固定资产的内部控制范围,因此,审计人员在检查、评价企业的内部控制时,不需要了解固定资产的保险情况。　　　　　　　　　　（　　）

17. 被审计单位购买固定资产,延期支付的购买价款超过正常信用条件、实质上具有融资性质的,审计人员认为所购资产的成本应当以实际支付的总价款为基础确认。（　　）

18. 审计人员在对固定资产进行实时性测试时,通常将固定资产的分类汇总表与累计折旧的分类汇总表合并编制。　　　　　　　　　　　　　　　　　　　　　（　　）

19. 对被审计单位已经达到预定可使用状态但在年度内尚未办理竣工决算手续的固定资产,审计人员认为应按暂估价值入账,并计提折旧。待办理竣工决算手续后,再按照实际成本调整原来的暂估价值,并调整原已计提的折旧额。　　　　　　　　　　　（　　）

20. 审计人员认为只要是被审计单位处置固定资产的净损益,均应计入营业外收入或营业外支出。　　　　　　　　　　　　　　　　　　　　　　　　　　　　　（　　）

21. 在对被审计单位连续编号的订购单进行测试时,注册会计师可以以订购单的编号作为所测试订购活动的识别特征。　　　　　　　　　　　　　　　　　　　（　　）

22. 注册会计师在了解采购与付款循环内部控制后,对采购业务检查了订购单、验收单和卖方发票连续编号的完整性测试,可得出所记录的采购业务计价正确的审计结论。（　　）

23. 检查是否在未入账的应付账款,可通过检查债务形成的相关原始凭证,如供应商发票、验收报告或入库单等,对照应付账款明细账,确认其是否及时入账。　　　（　　）

24. 为了实现完整性目标,注册会计师可以以固定资产明细分类账为起点,追查至固定资

产实物,以获取实际存在的固定资产均已入账的证据。　　　　　　　　　　（　　）

25. 注册会计师审计应付账款时,应核实企业所有在资产负债表日以前收到的购货发票均已计入当年应付账款。　　　　　　　　　　　　　　　　　　　　　　（　　）

26. 采购与付款交易中的实物控制主要是指对已验收入库的商品的实物控制,限制非经授权人员接近存货,实物保管应验收部门的人员来担任。　　　　　　　　　　（　　）

27. 注册会计师在实际工作中,需要对采购与付款交易整个流程的所有控制点进行测试。
　　　　　　　　　　　　　　　　　　　　　　　　　　　　　　　　　　（　　）

28. 如果月末尚未收到供应商发票,财务部门可以暂时不进行应付账款的账务处理,只需在发票备查簿中登记,等收到发票再入账。　　　　　　　　　　　　　　　　（　　）

二、单项选择题

1. 注册会计师为了证实固定资产的完整性,最有效的程序是(　　)。

A. 以固定资产明细账为起点,进行实地追查

B. 以实地为起点,追查至固定资产明细账

C. 先从实地追查固定资产明细账,再从固定资产明细账追查至实地

D. 先从固定资产明细账追查至实地,再从实地追查至固定资产明细账

2. 如果应付账款所属明细账户出现借方余额,注册会计师应提醒被审计单位在资产负债表的(　　)项目中列示。

A. 应收账款　　　　B. 应付账款　　　　C. 预收款项　　　　D. 预付款项

3. 下列比率中,可能发现已减少的固定资产未在账户上注销的是(　　)。

A. 本年度与以前各年度的修理及维护费用之比较

B. 固定资产总成本与全年产品产量的比率

C. 本年度与以前各年度的固定资产增减之比较

D. 本年度计提折旧额与固定资产总成本的比率

4. 下列情况下,注册会计师可以初步判断被审计单位固定资产折旧计提不足的是(　　)。

A. 累计折旧与固定资产原值比率较大

B. 计提折旧的固定资产账面价值不大

C. 固定资产的投保价值大大超过账面价值

D. 经常发生大额的固定资产清理损失

5. 下列制度中,不属于固定资产内部控制制度的是(　　)。

A. 调查制度　　　　B. 预算制度　　　　C. 职责分工制度　　　　D. 维护保养制度

6. 应付账款函证最适当的方式是(　　)。

A. 肯定式函证　　　B. 否定式函证　　　C. 肯定和否定结合　　　D. 其他函证方式

7. 下列审计程序中,一般不能查找未入账的应付账款的是(　　)。

A. 审查被审计单位在报告日尚未处理、不符合要求的购货发票

B. 审查有货物验收单、入库单但未收到购货发票的经济业务

C. 审查购货发票与验收单不符或未列明金额的发票单据

D. 函证应付账款

8. 审查 A 公司应付账款项目,发现“应付账款”账户中包含本期估价入库的采购商品 300万元。经审核,未附有供应商名称、商品品种、数量及金额计算等凭证。审计人员应采取的措

6

施是（　　）。

A. 认可被审计单位的处理　　　　　　B. 取得估价入库的详细资料

C. 作为虚假事项处理　　　　　　　　D. 不必过问

9. 注册会计师可将审计应付账款的程序完全交由被审计单位办理的是（　　）。

A. 抽查应付账款明细账的贷方记录相关凭证

B. 根据卖方对账单调节未付发票

C. 编制应付账款明细表

D. 就所选定的账户余额函证

10. 注册会计师函证资产负债表日应付账款余额或许是不必要的,其原因是（　　）。

A. 函证与采购截止测试重复

B. 资产负债表日前应付账款余额在审计完成前也许没有支付

C. 可与被审计单位法律顾问联系,从而获取因未付款而产生的可能损失的证据

D. 存在其他可靠的外部证据证实应付账款的真实性,如购货发票等

11. 一般情况下,注册会计师实地检查固定资产的重点是（　　）。

A. 企业的所有固定资产　　　　　　　B. 本年度增加的重要固定资产

C. 以前年度增加的固定资产　　　　　D. 在用固定资产

12. 为证实会计记录中所列的固定资产是否存在,了解其目前的使用状况,注册会计师应当（　　）。

A. 实地检查固定资产

B. 以固定资产明细账为起点,进行实地追查

C. 检查固定资产的所有权归属

D. 以实地为起点,追查固定资产明细账

13. 在企业内部控制制度比较健全的情况下,下列凭证中的（　　）既可以证明有关采购交易的"发生"认定,同时也是采购交易轨迹的起点。

A. 订购单　　　　B. 请购单　　　　C. 验收单　　　　D. 付款凭单

14. 由采购部门填写,向另一企业购买该单上所指定商品、劳务或其他资产的书面凭证是（　　）。

A. 验收单　　　　B. 订购单　　　　C. 付款凭证　　　　D. 转账凭证

15. 下列程序中,属于测试采购与付款循环中内部控制"存在性"认定的是（　　）。

A. 检查企业验收单是否有缺号　　　　B. 检查付款凭单是否附有卖方发票

C. 检查卖方发票连续编号的完整性　　D. 审核采购价格和折扣的标志

16. 下列审计程序中,审计人员为审查被审计单位未入账负债而实施的,最为有效的是（　　）。

A. 审查债权人名单　　　　　　　　　B. 审查应付账款、应收票据明细账

C. 审查应付账款、应付票据的函证回函　D. 审查资产负债表日后货币资金支出情况

17. 审计人员审计时,发现被审计单位存在确实无法支付的应付账款,应建议将其转入（　　）账户。

A. 其他业务收入　　B. 资本公积　　　C. 盈余公积　　　　D. 营业外收入

18. 应付账款审计工作底稿中显示的以下准备实施的审计程序中,不恰当的是（　　）。

A. 因为函证应付账款不能保证查出未记录的应付账款,因此决定不实施函证程序

B. 因为应付账款控制风险较高,决定仍实施应付账款的函证程序

C. 因为正常情况下应付账款很少被高估,因此对应付账款一般不需要函证

D. 因为应付账款很容易被漏记,应对其进行函证

19. 在对戊公司 2022 年财务报表进行审计时,注册会计师李达负责采购与付款循环的审计,应考虑对应付账款进行函证的情形是(　　)。

A. 经评估戊公司的控制风险很高　　　　B. 戊公司 2022 年度财务状况不佳

C. 戊公司 2022 年年末应付账款金额较大　D. 戊公司存在大量小金额的欠款

20. 下列各项审计程序中,不能证实被审计单位应付账款记录是否完整这一审计目标的是(　　)。

A. 结合存货监盘检查公司资产负债日是否存在有材料入库凭证但未收到购货发票的业务

B. 检查被审计单位本期应付账款明细账贷方发生额,核对相应的购货发票和验收单据,确认其入账时间是否正确

C. 检查被审计单位资产负债表日后收到的购货发票,确认其入账时间是否正确

D. 对已偿付的应付账款,追查至银行对账单、银行付款单据和其他原始凭证,检查其是否在资产负债表日前真实偿付

21. 审计人员向被审计单位生产负责人询问的以下事项中,最有可能获取审计证据的是(　　)。

A. 固定资产的抵押情况　　　　　　　　B. 固定资产的报废或毁损情况

C. 固定资产的投保及其变动情况　　　　D. 固定资产折旧的计提情况

22. 在对固定资产入账价值进行审计时,注册会计师发现 L 公司存在以下处理情况,其中不正确的是(　　)。

A. 购置的不需要经过建造过程即可使用的甲固定资产,按实际支付的买价、包装费、运输费、安装成本、缴纳的有关税金等,作为入账价值

B. 盘盈的乙固定资产,按照前期会计差错进行处理,记入"以前年度损益调整"账户

C. 投资者投入的丙固定资产,按投资方原账面价值入账

D. 接收捐赠的丁固定资产,以有关凭证上的金额加相关税费作为入账价值

23. 在查找已提前报废但尚未作出会计处理的固定资产时,注册会计师最有可能实施的审计程序是(　　)。

A. 以检查固定资产实物为起点,检查固定资产的明细账和投保情况

B. 以分析折旧费用为起点,检查固定资产实物

C. 以检查固定资产实物为起点,分析固定资产维修和保养费用

D. 以检查固定资产明细账为起点,检查固定资产实物和投保情况

24. 一般而言,对凭证进行连续编号是被审计单位购货业务的一项重要的内部控制措施。但对于部门较多的被审计单位,一般不进行连续编号的凭证是(　　)。

A. 请购单　　　　B. 订购单　　　　C. 验收单　　　　D. 付款单

25. 以下控制活动中,与采购业务"完整性"认定最相关的是(　　)。

A. 已入账的采购交易均有验收单　　　　B. 订货单、验收单均连续编号

C. 采购的价格和折扣均经适当批准　　　D. 内部核查应付账款明细账的内容

26. 已发生的采购交易均已记录的关键内部控制不包括(　　)。

A. 采购经适当级别批准

6

B. 订购单均经事先连续编号并已登记入账

C. 验收单均经事先连续编号并已登记入账

D. 入库单均经事先连续编号并已登记入账

27. 注册会计师在测试乙公司与采购交易相关的内部控制时发现下列情况,其中最可能表明采购交易发生认定存在重大错报风险的是(　　　)。

　　A. 订购单与验收单金额和数量不符　　　　B. 缺失连续编号的验收单

　　C. 处理采购或付款的会计期间出现差错　　D. 验收单重复

28. 向生产负责人询问固定资产的相关情况最可能了解到的是(　　　)。

　　A. 固定资产的抵押情况　　　　　　　　　B. 固定资产的报废或毁损情况

　　C. 固定资产的投保及其变动情况　　　　　D. 固定资产折旧的计提情况

29. 以下程序中,属于测试采购交易与付款交易内部控制"发生"目标的常用控制测试程序的是(　　　)。

　　A. 检查已入账的验收单是否有缺号　　　　B. 检查付款凭单是否附有卖方发票

　　C. 检查卖方发票连续编号的完整性　　　　D. 审核采购价格和折扣的标志

30. 了解和测试采购与付款循环的内部控制时,可能构成重大缺陷的是(　　　)。

　　A. 仓库负责根据需要填写请购单,并经预算主管人员签字批准

　　B. 采购部门根据经批准的请购单编制订购单采购货物

　　C. 货物到达,由采购部门验收并填制一式多联连续编号的验收单

　　D. 记录采购交易之前,由应付凭单部门编制应付凭单

31. 最有可能获取审计证据证明财务报表存在未入账负债的是(　　　)。

　　A. 审查财务报表日后货币资金支出情况　　B. 审查批准采购价格和折扣标记

　　C. 审查应付账款、应付票据的函证回函　　D. 审查供应商发票与债权人名单

三、多项选择题

1. 下列审计程序中,有助于证实采购交易记录完整性认定的有(　　　　　)。

　　A. 从有效的订购单追查至验收单　　　　　B. 从验收单追查至采购明细账

　　C. 从付款单追查至购货发票　　　　　　　D. 从购货发票追查至采购明细账

2. 审计人员在检查被审计单位已经发生的采购交易是否都入账时常用的控制测试有(　　　)。

　　A. 检查订货单连续编号的完整性　　　　　B. 检查卖方发票连续编号的完整性

　　C. 检查验收单连续编号的完整性　　　　　D. 检查注销凭证的标记

3. 计算固定资产原值与本期产品产量的比率,并与以前期间相关指标进行比较,审计人员可能发现(　　　)。

　　A. 资本性支出和收益性支出区分的错误　　B. 闲置的固定资产

　　C. 增加的固定资产尚未进行会计处理　　　D. 减少的固定资产尚未进行会计处理

4. 采购与付款业务不相容岗位包括(　　　)。

　　A. 询价与确定供应商　　　　　　　　　　B. 请购与审批

　　C. 付款审批与付款执行　　　　　　　　　D. 采购合同的订立与审批

5. 审计人员通过下列审计程序,可以找到被审计单位未入账的应付账款有(　　　　　)。

　　A. 审查资产负债表日收到但尚未处理的购货发票

B. 审查应付账款函证的回函

C. 审查资产负债表日后一段时间内的支票存根

D. 审查资产负债表日已入库但尚未收到发票商品的有关记录

6. 注册会计师在对甲上市公司应付账款进行审计时,为证实甲公司应付账款的发生记录是否完整,可以实施的审计程序有（　　　　　）。

A. 结合存货监盘检查公司在资产负债表日前是否存在有材料入库凭证但未收到购货发票的业务

B. 抽查甲公司本期应付账款明细账贷方发生额,核对相应的购货发票和验收单据,确认其入账时间是否正确

C. 检查甲公司资产负债表日后收到的购货发票,确认其入账时间是否正确

D. 检查甲公司资产负债表日后应付账款明细账贷方发生额的相应凭证,确认其入账时间是否正确

7. 下列各项中,审计人员认为会引起固定资产账面价值发生增减变化的有（　　　　　）。

A. 对固定资产计提折旧　　　　　　　B. 发生固定资产改良支出

C. 发生固定资产修理支出　　　　　　D. 计提固定资产减值准备

8. V 公司于 2022 年在继续使用下列各项固定资产的同时,分别进行相关的更新改造。对下列情况,审计人员不能认同 V 公司将更新改造费用资本化,并计入固定资产原值的有（　　　　　）。

A. 对生产车间安装自行研发的电子监控设施,费用为 50 万元,后因图像模糊且无法使用而拆除

B. 对办公大楼安装电梯三部,费用为 300 万元,9 月起已投入使用

C. 投入 20 万元对职工活动中心进行粉刷,后因环保部门检测认为其有毒有害物质超标而全部铲除

D. 投入 50 万元对仓库安装红外线探测等报警系统,因年末业务繁忙而搁置,计划次年 4 月继续安装

9. 假定不考虑审计重要性水平,注册会计师对下列事项应提出审计调整建议的有（　　　　　）。

A. L 公司 2022 年 10 月从母公司购买办公楼,并于当月启用,该办公楼自 2021 年 11 月起计提折旧。截至 2022 年 12 月 31 日,L 公司尚未取得该办公楼的产权证明

B. 为保持某设备的生产能力,L 公司对该设备进行日常修理,发生 2 万元维修费,并将其计入固定资产账面价值

C. 因尚未办理竣工决算,L 公司对 2022 年 5 月启用的厂房暂估入账,并按规定计提折旧。该厂房的竣工决算于 2022 年 12 月 25 日完成,对固定资产原值和已计提的折旧均于该日进行调整

D. L 公司的某台生产设备因关键部分老化而经常产出大量不合格产品,因此,L 公司对该设备全额计提减值准备

10. 应付账款明细表由被审计单位编制时,注册会计师应采取的行为有（　　　　　）。

A. 审核其计算的准确性　　　　　　　B. 核对该明细表与应付账款总账是否相符

C. 审查明细表上应付账款分类准确性　　D. 直接作为审计工作底稿

11. 注册会计师在检查 A 公司 2022 年度财务报表的应付账款项目时,应核实其应付账款

6

项目是否按照( )账户所属明细账户的期末贷方余额的合计数填列。

A. 应付账款   B. 应收账款   C. 预付账款   D. 预收账款

12. 下列属于应付账款的审计目标的有( )。

A. 确定资产负债表中记录的应付账款是否存在

B. 确定所有应当记录的应付账款是否均已记录

C. 确定应付账款是否以恰当的金额包括在财务报表中

D. 确定应付账款在财务报表中的列报是否恰当

13. 注册会计师应获取不同的证据以确定固定资产是否确实归被审计单位所有,对于房地产类固定资产,需要查阅( )。

A. 合同、产权证明   B. 财产税单

C. 抵押借款的还款凭证   D. 保险单

14. 检查被审计单位固定资产折旧时应注意计提折旧范围不应包括( )。

A. 已提足折旧继续使用的固定资产   B. 因改良停用的固定资产

C. 已全额计提减值准备的固定资产   D. 未使用的、不需用的固定资产

15. 注册会计师在对被审计单位的应付账款进行审计时,一般应选择的函证对象有( )。

A. 较大金额的债权人

B. 所有的债权人

C. 在资产负债表日金额不大、甚至为零的债权人,且不是企业重要供货人的债权人

D. 在资产负债表日金额不大、甚至为零,但为企业重要供货人的债权人

16. 注册会计师在获取或编制应付账款明细账时,需同时执行的工作包括( )。

A. 复核加计是否正确,并与报表数、总账数和明细账合计数核对是否相符

B. 检查记账本位币应付账款的折算汇率及折算是否正确

C. 如果出现借方余额的项目,必须进行重分类调整

D. 结合预付账款、其他应付款等往来项目的明细余额,检查有无针对同一交易在应付账款和预付账款同时记账的情况

17. 被审计单位采购与付款循环中涉及的主要业务活动包括( )。

A. 请购商品和服务   B. 制订采购计划

C. 供应商认证及信息维护   D. 记录现金、银行存款支出

18. 下列关于采购与付款循环中记录现金、银行存款支出的说法中,正确的有( )。

A. 会计主管应独立检查记入银行存款日记账和应付账款明细账的金额一致性

B. 为检查入账的真实性应定期比较银行存款日记账记录的日期与支票存根的日期

C. 会计主管指定出纳员以外的人员定期编制银行存款余额调节表

D. 会计部门应根据已签发的支票编制付款记账凭证

19. 下列有关函证应付账款的说法中,正确的有( )。

A. 注册会计师必须对应付账款实施函证

B. 注册会计师应当对应付账款函证保持控制

C. 为证实应付账款的完整性,注册会计师应当从应付账款明细账中选取样本发送函证

D. 注册会计师应当对未作回复的应付账款函证实施替代程序

20. 审查是否存在高估固定资产数额时,可采取( )程序加以验证。

A. 以新增固定资产替换已报废固定资产,报废资产是否已做减少记录

B. 分析营业外收支账户

C. 复核固定资产保险

D. 向固定管理部门查询本年投资转出的固定资产是否均已记录

21. 证实外购固定资产所有权认定的有效的实质性程序有(　　　　　　)。

A. 通过审阅内部会议记录、借款合约、银行函证等方式,查明固定有无提供担保抵押或受限制使用等情况,并汇总列示其数量及账面价值

B. 检查购货合同、购货发票、保险单、发运凭证、所有权证等

C. 检查本年度减少的固定是否经授权批准,是否正确及时入账

D. 实地抽查部分金额较大或异常的固定资产,确定其是否实际存在,有无有物无账或有账无物的情况

四、实训题

1. 审计人员于 2023 年 2 月 5 日至 10 日,对 B 公司采购与付款循环的内部控制进行了解和测试,发现下列情况:

(1) B 公司材料采购需要经过授权批准后才能进行。

(2) 采购部门根据经批准的请购单编制和发出订单,订购单没有编号。

(3) 货物运到后,由隶属于采购部门的验收人员根据订购单的要求验收货物,并编制一式多联的未连续编号的验收单。

(4) 仓库根据验收单验收货物,在验收单上签字后,将货物移送至仓库加以保管。

(5) 验收单上包含数量、品名、单价等内容。仓库将验收单一联交给采购部门登记材料明细账。

(6) 会计部门根据只附有验收单的付款凭单登记有关账簿。

要求:根据上述情况,指出 B 公司采购与付款交易内部控制方面存在的缺陷,作出简要评价,并提出相应的改进建议。

6

2. 2023 年 1 月,注册会计师李芳审查甲公司 2022 年 12 月基本生产车间设备计提折旧情况,在审阅固定资产明细账和制造费用明细账时,发现如下记录:

(1) 2022 年 11 月月末该车间设备计提折旧额为 10 200 元,年折旧率为 6%。

(2) 2022 年 11 月购入设备 1 台,原值 20 000 元,已安装完工交付使用。

(3) 2022 年 11 月将原来未使用的 1 台设备投入车间使用,原值 10 000 元。

(4) 2022 年 11 月委托外单位大修设备 1 台,原值 50 000 元。

(5) 2022 年 11 月进行技术改造设备 1 台,当月交付使用,该设备原值为 200 000 元。

(6) 2022 年 12 月该车间设备计提折旧 21 000 元。

要求:假定该公司 2022 年 11 月月末计提折旧数正确,验证该公司当年 12 月计提折旧数是否正确。如果不正确,请进行审计调整分录。

3. 2023 年 1 月,注册会计师李芳在审查 A 公司 2022 年固定资产时,取得相关资料如表 6 - 1 所示。

表 6 - 1 A 公司固定资产和累计折旧数据 单位:万元

固定资产类别	固 定 资 产				累 计 折 旧			
	期初余额	本年增加	本年减少	期末余额	期初余额	本年增加	本年减少	期末余额
房屋及建筑物	20 930	2 655	21	23 564	3 490	898	31	4 357
通用设备	8 612	1 158	62	9 708	863	865	34	1 694
专用设备	10 008	3 854	121	13 741	3 080	1 041	20	4 101
运输工具	1 681	460	574	1 567	992	232	290	934
土 地	472			472		15		15
其他设备	389	150	11	528	115	83	3	195
合 计	42 092	8 277	789	49 580	8 540	3 134	378	11 296

要求:分析 A 公司当年固定资产项目中存在的问题,并提出处理意见。

五、案例分析题

1. M 公司 2022 年 12 月 31 日资产负债表"应付账款"项目列示 8 000 000 元,注册会计师进行审计时发现:

(1) 该公司 2022 年 12 月 31 日"应付账款"账户总账余额为贷方余额 8 000 000 元,其明细账余额如表 6-2 所示。

表 6-2　　　　　　　　　　　　　　应付账款余额　　　　　　　　　　　　　　单位:元

账　户　名　称	余　　　额
应付账款——A 公司	5 000 000
应付账款——B 公司	3 500 000
应付账款——C 公司	−1 500 000
应付账款——D 公司	1 000 000
合　　　计	8 000 000

(2) 该公司有一笔确实无法支付的应付账款 300 000 元,列入"资本公积"账户。

(3) 该公司于 2022 年 12 月 28 日购入甲材料,价值 500 000 元,已按规定纳入 12 月 31 日存货盘点范围并进行了实物盘点。但卖方发票于次年 1 月 5 日才收到,并在次年的 1 月份进行了账务处理,本年度无其他进货和相应负债。该公司 2022 年年末作存货盘盈处理,冲减"管理费用"账户。

要求:分析该公司存在的问题,提出处理意见。

6

2. 注册会计师在对 A 公司主营业务收入明细账进行审查时,发现该公司 2022 年 11 月份主营业务收入与上年同期相比大幅度下降。注册会计师怀疑该公司隐瞒收入,于是进一步审查 2022 年 11 月份相关明细账及记账凭证,发现一笔记账凭证上作了如下会计分录:

借:银行存款   339 000
    贷:应付账款   339 000

该记账凭证后所附原始凭证为银行进账单回单一张和该公司开出的增值税专用发票一张,发票上注明货款为 300 000 元,增值税税额为 39 000 元。

要求:分析该公司存在的问题,提出处理意见,并编制审计调整分录。

3. 注册会计师对 M 公司进行审计时,决定对其下列四个明细账户中的两个进行函证。有关资料如表 6-3 所示。

表 6-3   四个明细账户有关资料   单位:元

单位名称	应付账款年末余额	本年度供货总额
A 公司	42 650	66 100
B 公司	—	2 880 000
C 公司	85 000	95 000
D 公司	289 000	3 032 000

要求:

(1) 指出注册会计师应选择哪两家公司进行函证并说明理由。

(2) 如果上表为应收账款的信息,指出注册会计师应选择哪两家进行函证并说明理由。

4. 注册会计师在审查 A 公司 2022 年固定资产折旧时,发现 2021 年 12 月新增已投入生产使用的机床一台,原价为 100 000 元,预计净残值为 10 000 元,预计使用年限为 5 年,使用年数总和法对该项固定资产计提折旧,其余各类固定资产均用直线法折旧,且该公司对此事项未在报表中披露。

要求：分析上述事项对 A 公司财务报表的影响,说明应如何处理。

5. 甲公司相关内部控制摘录如下。

(1) 甲公司将经批准的合格供应商信息录入信息系统形成供应商主文档,生产部员工在信息系统中填制连续编号的请购单时只能选择该主文档中的供应商。供应商的变动需由采购部经理批准,并由其在系统中更新供应商主文档。A 注册会计师认为该内部控制设计合理,拟予以信赖。

(2) 甲公司生产部员工根据生产需求,在现有库存达到再订购点时提出采购申请,编制的请购单经过生产部门经理批准后,送交采购部门,采购部门根据需求向供应商采购并组织验收,验收合格后送交生产部门使用。A 注册会计师认为该内部控制设计合理,拟予以信赖。

要求：假定不考虑其他条件,指出 A 注册会计师的处理是否恰当。如不恰当,简要说明理由。

6. 甲公司相关内部控制和 A 注册会计师实施的控制测试摘录如表 6-4 所示。

表 6-4　　　　　　　　　　　　　　控制测试摘录

序号	控 制 活 动	控 制 测 试
①	采购人员将新增供应商信息表递交至采购部高级经理处,审批通过后由系统管理员录入供应商主文档	A 注册会计师抽取了本期若干新增供应商信息表,检查是否经过采购部高级经理审批
②	验收人员在收到商品时在系统中填写入库通知单,计算机将入库通知单与订购单进行比对,对不符事项形成例外报告,并进行后续处理	A 注册会计师询问验收人员,以获取本期系统是否生成例外报告的证据
③	财务人员将原材料订购单、供应商发票和入库单核对一致后,编制记账凭证(附上述单据)并签字确认	A 注册会计师抽取了本期若干记账凭证及附件,检查是否经财务人员签字
④	财务总监负责审批金额超过 50 万元的付款申请单,并在系统中进行电子签署	A 注册会计师从系统中导出本期已经财务总监审批的付款申请单,抽取样本进行检查

要求:假定不考虑其他条件,指出 A 注册会计师的处理是否恰当。如不恰当,提出改进意见。

6

7. ABC 会计师事务所的 A 注册会计师负责审计甲公司 2022 年度财务报表。审计工作底稿中与负债审计相关的部分内容摘录如下：

（1）甲公司各部门使用的请购单未连续编号，请购单由部门经理批准，超过一定金额还需总经理批准。A 注册会计师认为该项控制设计有效，实施了控制测试，结果满意。

（2）为查找未入账的应付账款，A 注册会计师检查了资产负债表日后应付账款明细账贷方发生额的相关凭证，并结合存货监盘程序，检查了甲公司资产负债表日前后的存货入库资料，结果满意。

（3）由于 2022 年人员工资和维修材料价格持续上涨，甲公司实际发生的产品质量保证支出与以前年度的预计数相差较大。A 注册会计师要求甲公司管理层就该差异进行追溯调整。

（4）甲公司有一笔账龄 3 年以上且金额重大的其他应付款。因 2022 年度未发生变动，A 注册会计师未实施进一步审计程序。

（5）甲公司年末与固定资产弃置义务相关的预计负债余额为 200 万元。A 注册会计师作出了 300 万元～360 万元的区间估计，与管理层沟通后同意其按 100 万元的错报进行调整。

要求：针对上述第（1）至（5）项，逐项指出 A 注册会计师的做法是否恰当。如不恰当，简要说明理由。

6

项目七　审计生产与存货循环

学 习 指 导

7-1
存货监盘的
一般程序
(微课)

一、学习目的与要求

通过本项目的学习,了解生产与存货循环的主要业务活动和涉及的主要凭证,熟悉生产与存货循环的内部控制测试程序,掌握存货、主营业务成本的确认与计量的检查,掌握存货、主营业务成本审计的实质性程序。

二、学习要点

1. 生产与存货循环涉及的业务活动和凭证记录
2. 生产与存货循环的内部控制及其测试
3. 存货的审计目标和实质性程序
4. 营业成本的审计

三、重难点问题

1. 生产与存货循环的控制测试
2. 存货的监盘
3. 生产成本审计的实质性程序

习 题 与 实 训

一、判断题

1. 抽查存货盘点目的是判断被审计单位制订的盘点计划是否恰当。　　　（　　）

2. 对企业存放于其他单位由其代为保管的存货,可直接向其他单位进行函证。　　（　　）

3. 定期盘点存货,合理确定存货的数量和状况是被审计单位管理层的责任。实施存货监盘,获取有关期末数量和状况的充分、适当的审计证据是注册会计师的责任。　（　　）

4. 存货监盘是一种双重测试,即注册会计师通过观察和检查可以确定被审计单位的存货盘点控制能否合理确定存货的数量和状况,通过检查存货的数量和状况可以获取存货账面金额是否存在错报的直接审计证据。　　（　　）

5. 存货监盘是观察程序和检查程序的结合运用。　　　　　　　（　　）

6. 存货监盘所得到的实物证据,不仅能证实被审计单位对存货拥有所有权,而且能证实存货价值的正确性。　　　　　　　　　　　　　　　　　　　　　　（　　）

7. 在抽查存货盘点结果时,注册会计师可以从存货实物中选取项目追查至存货盘点记录,以测试存货盘点记录的真实性。　　　　　　　　　　　　　　　　　（　　）

8. 存货保管、使用与记录人员可以参加存货的盘点。　　　　　　　　　　（　　）

9. 如果被审计单位存货的性质或位置等因素导致无法实施存货监盘,注册会计师应当直接发表保留意见或无法表示意见。　　　　　　　　　　　　　　　（　　）

10. 在计划成本核算下,期末不论材料成本差异账户的余额在哪方,一律从存货的合计数中扣除来确定存货报表数额。　　　　　　　　　　　　　　　　　　（　　）

11. 被审计单位财务负责人认为本公司存货采用永续盘存制,因此可不必对存货进行实地盘点。　　　　　　　　　　　　　　　　　　　　　　　　　　　（　　）

12. 进行营业成本审计时,首先获取或编制主营业务成本明细表,复核加计是否正确,并与总账数和明细账合计数核对是否相符,结合其他业务成本账户与营业成本报表数核对是否相符。　　　　　　　　　　　　　　　　　　　　　　　　　　　　　（　　）

13. 被审计单位有责任确定适当程序,进行准确的盘点并正确记录盘点数。　（　　）

14. 在检查已盘点的存货时,注册会计师应当从存货盘点记录中选取项目追查至存货实物,以测试存货盘点记录的完整性。　　　　　　　　　　　　　　　　（　　）

15. 存货监盘不仅对期末结存数量和状况予以确认,还能检验财务报表上存货余额的真实性、准确性。　　　　　　　　　　　　　　　　　　　　　　　　（　　）

16. 当被审计单位对存货采用成本与可变现净值孰低原则进行期末计量时,注册会计师认为对用于生产而持有的材料等,可直接将材料的成本与材料的市价进行比较,确定应计提的跌价准备。　　　　　　　　　　　　　　　　　　　　　　　　　　　（　　）

17. 被审计单位有投资者投入的存货没有入账,注册会计师建议其应按投资方的账面价值作为实际成本。　　　　　　　　　　　　　　　　　　　　　　　（　　）

18. 在复核或与管理层讨论其存货盘点计划时,注册会计师应当考虑相关因素,以评价其能否合理确定存货的数量和状况,如果认为被审计单位的存货盘点计划存在缺陷,则应当提请被审计单位调整。　　　　　　　　　　　　　　　　　　　　　　（　　）

19. 注册会计师可以通过查阅以前年度的存货监盘工作底稿,来了解被审计单位的存货情况、存货盘点程序以及其他在以前年度审计中遇到的重大问题。　　　　（　　）

20. 注册会计师对存货监盘过程进行检查,目的仅在于证实被审计单位的存货实物总额。　　　　　　　　　　　　　　　　　　　　　　　　　　　　　　（　　）

21. 对存货辨认与数量确定方面存在困难时,注册会计师要采用高空摄影以确定其存在性,对不同时点的数量进行比较,并依赖永续存货记录。　　　　　　　　（　　）

22. 对企业存放于公共仓库或由外部人员保管的存货,注册会计师可以直接向保管人员进行书面函证。　　　　　　　　　　　　　　　　　　　　　　　（　　）

23. 为了验证存货是否存在,注册会计师可直接对年末存货进行计价测试。　（　　）

24. 为了测试存货盘点记录的准确性,应从存货实物中选取项目追查至存货盘点记录;为了测试存货盘点记录的完整性,应从存货盘点记录中选取项目追查至存货实物。　（　　）

25. 对于企业存放于公共仓库或由外部人员保管的存货,可以直接向公共仓库或外部有关单位进行函证。　　　　　　　　　　　　　　　　　　　　　　（　　）

7

26. 为了提高工作效率,企业存货的验收、保管、清查处置最好由一人执行。　　(　　)

27. 注册会计师实施对存货的监盘,并不能取代被审计单位管理层定期盘点存货、合理确定存货数量和状况的责任。　　(　　)

28. 对存货进行监盘主要是证实存货"完整性"和"权利和义务"的认定。　　(　　)

29. 对于存货,仔细检查会计记录在一定程度上可以替代监盘程序。　　(　　)

30. 被审计单位有责任确定适当程序,对存货进行准确地盘点并正确记录盘点数。　　(　　)

二、单项选择题

1. 下列项目中,不属于存货实质性测试程序的是(　　)。

　　A. 成本会计控制测试　　　　　　　　　　B. 存货计价测试

　　C. 存货分析性测试　　　　　　　　　　　D. 购货业务年底截止测试

2. 下列程序中,(　　)是存货审计最重要、最具有决定性的程序。

　　A. 观察　　　　　　B. 函证　　　　　　C. 监盘　　　　　　D. 直接盘点

3. 注册会计师对(　　)的核实,与被审计单位管理当局关于存货"权利和义务"认定的关系最为密切。

　　A. 代其他公司保管或来料加工的材料　　B. 残次的存货

　　C. 未作账务处理而置于其他单位的存货　　D. 抵押的存货

4. 一般来说,(　　)与生产循环有关,而与其他任何循环无关。

　　A. 采购材料和储存材料　　　　　　　　B. 购置设备和维护设备

　　C. 购买债券　　　　　　　　　　　　　D. 生产产品和储存完工产品

5. 在工薪内部控制的控制测试中,可以用询问法和观察法来证实(　　)。

　　A. 工资发放经正确的批准

　　B. 人事、考勤、工薪发放及记录之间相互分离

　　C. 所有已发生的支出均已进行适当的记录

　　D. 记录的工薪为实际发生的而非虚构的

6. 在生产循环审计中,注册会计师常通过前后各期、本年各月的存货余额及其构成的简单比较来确定期末存货余额及其构成(　　)。

　　A. 总体合理性　　　　B. 真实性　　　　C. 完整性　　　　D. 估价的合理性

7. 存货监盘计划由(　　)制订。

　　A. 会计师事务所和被审计单位共同　　　B. 参与此项工作的注册会计师

　　C. 存货保管情况　　　　　　　　　　　D. 被审计单位的主管部门

8. 对存货实施监盘程序最主要的目的是(　　)。

　　A. 审查存货的质量　　　　　　　　　　B. 确定存货的所有权

　　C. 确定存货保管的情况　　　　　　　　D. 确定存货是否实际存在

9. 生产与存货循环可以看成两个既相互独立又密切联系的系统组成,一个涉及商品的实物流程,另一个涉及相关的(　　)。

　　A. 加工流程　　　　B. 成本流程　　　　C. 人员流程　　　　D. 收付流程

10. 生产与存货循环有关交易的实质性程序不包括(　　)。

　　A. 成本会计制度的测试　　　　　　　　B. 分析程序的运用

　　C. 存货的监盘　　　　　　　　　　　　D. 存货计价的测试

11. 对存货实施定期盘点属于(   )。

A. 注册会计师的审计责任　　　　　　B. 被审计单位的会计责任

C. 会计师事务所的质量控制要求　　　D. 被审计单位财务部门的责任

12. 注册会计师监盘客户存货是为了(   )。

A. 查明是否漏盘某些主要的存货项目　B. 查明存货的计价是否正确

C. 了解盘点指示是否贯彻执行　　　　D. 获得存货是否实际存在的证据

13. 注册会计师在企业存货的盘点工作中,应当(   )。

A. 亲自进行独立的存货盘点

B. 参与企业盘点,并对盘点工作进行适当的观察和检查

C. 观察企业盘点,完全不必亲自盘点

D. 制订盘点计划,由企业进行盘点,将盘点结果汇入工作底稿

14. 生产与存货循环和销售与收款循环的直接联系发生于(   )。

A. 借记原材料、贷记应付账款之时　　B. 借记货币资金、贷记应收账款之时

C. 借记主营业务成本、贷记库存商品之时　D. 借记应付账款、贷记货币资金之时

15. 下列属于被审计单位健全有效的存货内部控制需要由独立的采购部门负责的是(   )。

A. 编制购货订单　　　　　　　　　　B. 编制请购单

C. 检验购入货物的数量、质量　　　　D. 控制存货水平以免出现积压

16. 产成品完工后,除了交付生产部门查点外,还应对产品进行验收。下列说法中,不正确的是(   )。

A. 对产品的查点应由本车间负责生产质量的专门人员实施

B. 产品入库前应由车间或仓库人员验收,并填制验收单

C. 产品入库前应由仓库人员点验和检查,并填制入库单

D. 对入库单应事先连续编号,并在产品入库后交给会计部门

17. 某股份有限公司期末存货采用成本与可变现净值孰低法计价,成本与可变现净值的比较采用单项比较法。2022 年 12 月 31 日,该公司 A、B、C 三种存货的成本分别为 130 万元、221 万元、316 万元;A、B、C 三种存货的可变现净值分别为 128 万元、215 万元、336 万元。则注册会计师认为该公司 2022 年 12 月 31 日存货的账面价值为(   )万元。

A. 679　　　　　　B. 695　　　　　　C. 659　　　　　　D. 687

18. 某被审计单位对期末存货采用成本与可变现净值孰低法计价。2022 年 12 月 31 日,库存用于生产甲产品的原材料实际成本为 50 万元,预计进一步加工所需费用为 16 万元。预计销售费用及税金为 10 万元。该原材料加工完成后的产品预计销售价格为 60 万元。假定该公司以前年度未计提存货跌价准备。则注册会计师认为该公司 2022 年 12 月 31 日该项存货应计提的跌价准备为(   )万元。

A. 0　　　　　　　B. 4　　　　　　　C. 16　　　　　　D. −16

19. 注册会计师在检查某公司存货时,注意到某些存货项目实际盘点的数量大于盘存记录中的数量。假定不考虑其他因素,以下各项中,最可能导致这种情况的是(   )。

A. 公司向客户提供销售折扣　　　　　B. 公司已将购买的存货退给供应商

C. 供应商向公司提供购货折扣　　　　D. 客户已将购买的存货退给公司

20. 注册会计师在对被审计单位存货进行审计时,下列费用不应计入存货成本的是(   )。

A. 制造企业为生产产品而发生的人工费用

7

B. 商品流通企业在商品采购过程中发生的包装费

C. 商品流通企业进口商品支付的关税

D. 库存商品发生的仓储费用

21. 注册会计师在对被审计单位存货进行审计时,下列各项中,不应计入存货实际成本的是(　　)。

A. 发出委托加工物资的运输费用

B. 商品流通企业外购商品时所支付的相关费用

C. 用于直接对外销售的委托加工应税消费品所支付的消费税

D. 用于继续生产应税消费品的委托加工物资所支付的消费税

22. 注册会计师对乙公司实施存货监盘程序时,下列做法中,不恰当的是(　　)。

A. 对受托代存存货,实施向存货所有权人函证等审计程序

B. 乙公司相关人员完成存货盘点程序后,注册会计师进入存货存放地点对已盘点存货实施检查程序

C. 对已作质押的存货,向债权人函证与质押存货相关的内容

D. 对因具有特殊性质而无法监盘的存货,实施向顾客或供应商函证等程序

23. 以下对制造费用的审计调整建议中,正确的是(　　)。

A. 对公司本年度生产设备的租赁费,由制造费用调整至管理费用

B. 对公司本年度发生的生产设备修理费用,由制造费用调整至管理费用

C. 对公司本年度根据车间管理人员工资计提的工会经费,由制造费用调整至管理费用

D. 对公司本年度生产用固定资产大修理期间的停工损失,由制造费用调整至管理费用

24. 签发预先顺序编号的生产通知单的部门是(　　)。

A. 人事部门　　　　B. 销售部门　　　　C. 生产计划部门　　　　D. 财务部门

25. 下列内部控制设计中,存在设计缺陷的是(　　)。

A. 请购部门填制请购单　　　　　　　B. 仓库部门编制发运凭证

C. 销售部门开具销售发票　　　　　　D. 会计部门填写生产成本明细账

26. 如果被审计单位在接触存货时没有设置授权审批的内部控制措施,将导致存货(　　)认定出现重大错报风险。

A. 存在　　　　　　　　　　　　　　B. 完整性

C. 准确性、计价和分摊　　　　　　　D. 权利和义务

27. 关于存货认定,通过向生产和销售人员询问是否存在过时或周转缓慢的存货,审计人员最可能证实的是存货的(　　)。

A. 存在　　　　　　　　　　　　　　B. 完整性

C. 准确性、计价和分摊　　　　　　　D. 权利和义务

28. 注册会计师应当特别关注存货的移动情况,目的是(　　)。

A. 观察被审计单位是否已经恰当区分所有毁损、陈旧、过时及残次的存货

B. 确定被审计单位是否恰当记录了存货项目的入账价值

C. 防止遗漏或重复盘点

D. 确定被审计单位的存货所有权,检查是否被纳入盘点范围

29. 下列关于甲公司发出产成品的说法中,错误的是(　　)。

A. 产成品的发出须由独立的发运部门进行

B. 装运产成品时必须持有经有关部门核准的发运通知单

C. 出库单至少一式四联,一联交仓库部门;一联由发运部门留存;一联送交顾客;一联作为给顾客开发票的依据

D. 出库单至多一式四联,一联交仓库部门;一联由发运部门留存;一联送交验收部门;一联作为给顾客开发票的依据

30. 下列选项中,有关计划和安排生产业务所实施的控制说法错误的是(　　　　)。

A. 生产计划部门决定生产授权

B. 生产通知单预先连续编号的作用并不明显

C. 生产计划部门需要编制材料需求报告,列示需要的材料及其库存

D. 生产工人在完成生产任务后,将完成的产品交生产部门清点,然后转交检验员验收并办理入库手续

31. 下列选项中,有关存货监盘的说法正确的是(　　　　)。

A. 注册会计师在实施存货监盘过程中不应协助被审计单位的盘点工作

B. 注册会计师实施存货监盘通常可以确定存货的所有权

C. 因不可预见的情况而导致无法在预定日期实施存货监盘,注册会计师可以实施替代审计程序

D. 注册会计师主要采用观察程序实施存货监盘

三、多项选择题

1. 在生产与存货循环的有关内部控制中,不相容的职责包括(　　　　)。

A. 生产的授权审批和生产过程的记录　　　B. 生产过程的记录和生产的执行

C. 存货的保管和记录　　　　　　　　　　D. 工薪的授权批准和记录

2. 存货通常具有较高水平的重大错报风险,影响重大错报风险的因素具体包括(　　　　)。

A. 存货的数量和种类　　　　　　　　　　B. 成本归集的难易程度

C. 更新换代的速度或易损坏程度　　　　　D. 遭受失窃的难易程度

3. 被审计单位将存货账面余额全部转入当期损益,注册会计师认可的情况有(　　　　)。

A. 已霉烂变质的存货

B. 企业使用该项原材料所生产的产品的成本大于产品的销售价格

C. 已过期不可退货的存货

D. 生产中已不再需要,并且无转让价值的存货

4. 下列有关存货会计处理的表述中,正确的有(　　　　)。

A. 随商品出售单独计价的包装物成本,计入其他业务成本

B. 一般纳税人进口原材料缴纳的增值税,计入相关原材料的成本

C. 结转商品销售成本时,将相关存货跌价准备调整至主营业务成本

D. 因非货币性交易换出存货而结转的已计提跌价准备,不冲减当期资产减值损失

5. 存货监盘针对的主要是存货的(　　　　)认定。

A. 发生　　　　　B. 完整性　　　　　C. 存在　　　　　D. 权利和义务

6. 注册会计师应当根据(　　　　)来编制存货监盘计划,对存货监盘进行合理安排。

A. 被审计单位存货的特点　　　　　　　　B. 被审计单位的盘存制度

C. 评价被审计单位存货盘点计划　　　　　D. 被审计单位存货内部控制的有效性

7

7. 注册会计师制订的存货监盘计划,应包括的内容有(　　　　)。

A. 盘点时间安排

B. 评估的与存货相关的重大错报风险和重要性水平

C. 考虑实地察看存货的存放场所,特别是金额较大或性质特殊的存货

D. 存货盘点人员的分工及胜任能力

8. 在对存货进行监盘的过程中,下列说法中,错误的有(　　　　)。

A. 注册会计师应当特别关注存货的状况,观察被审计单位是否已经恰当区分所有毁损、陈旧、过时及残次的存货

B. 在检查已盘点的存货时,注册会计师应当从存货盘点记录中选取项目追查至存货实物,以测试盘点记录的完整性

C. 注册会计师应当从存货实物中选取项目追查至存货盘点记录,以测试存货盘点记录的完整性

D. 注册会计师关注存货的移动情况不能防止遗漏或重复盘点

9. 在对存货实施抽查程序时,注册会计师的以下做法中,不正确的有(　　　　)。

A. 尽量将难以盘点的存货或隐蔽性较大的存货纳入抽查范围

B. 事先就拟抽取测试的存货项目与被审计单位沟通,以提高存货监盘的效率

C. 从存货盘点记录中选取项目追查至存货实物,以测试盘点记录的真实性

D. 如果盘点记录与存货实物存在差异,要求被审计单位更正盘点记录

10. 对难以盘点的存货,注册会计师可以考虑的测试程序有(　　　　)。

A. 采取查询及函证的方法　　　　　　B. 根据企业存货收发制度来确认存货数量

C. 聘请专家进行盘点　　　　　　　　D. 审阅验收部门的业务记录

11. 注册会计师在初步了解被审计单位及其环境时,得知其拥有的部分存货为辐射性化学品,导致注册会计师无法实施存货监盘,则注册会计师对该部分存货可能实施的审计程序包括(　　　　)。

A. 复核采购、生产和销售记录

B. 向能够接触到相关存货项目的第三方人员询证

C. 视为审计范围受到限制,并依严重程度确定对财务报表的影响

D. 如果被审计单位对其生产、使用和处置存有正式报告,注册会计师可追查至有关报告

12. K 公司的一部分产品存放在 N 国的一家重要的分公司中,由于该国没有注册会计师审计业务,无法委托当地会计师事务所进行审计。对这部分存货,注册会计师决定采取以下措施。其中,你认可的措施有(　　　　)。

A. 审计小组派人前往 N 国实施监盘程序

B. 以审计范围受限为由发表非无保留意见

C. 委托当地公证机构观察盘点出具公证书

D. 由独立机构对分公司职员盘点情况全程录像

13. 由于存货的性质或位置而无法实施监盘程序,注册会计师对存货监盘实施替代的审计程序主要包括(　　　　)。

A. 检查进货交易凭证或生产记录以及其他相关资料

B. 检查资产负债表日后发生的销货交易凭证

C. 向顾客或供应商函证

D. 对存货进行截止测试

14. 注册会计师在对被审计单位营业成本项目进行审计时,下列有关处理中,正确的有( )。

A. 被审计单位销售已计提跌价准备的存货,在结转存货跌价准备时,应借记存货跌价准备,贷记资产减值损失

B. 被审计单位发生的销售退回,冲减相应的主营业务收入账户,同时冲减主营业务成本

C. 被审计单位发生的销售退回,冲减相应的主营业务收入账户,没有冲减主营业务成本

D. 被审计单位发生的销售折让,冲减相应的主营业务收入账户,没有冲减主营业务成本

15. 直接材料成本实质性程序的主要内容包括( )。

A. 审查直接材料耗用量的真实性

B. 审查直接材料的计价

C. 审查直接材料费用的分配

D. 分析同一产品前后年度的直接材料成本,看有无重大变动

16. 下列属于生产与存货循环涉及的主要凭证与会计记录的有( )。

A. 生产指令　　　B. 工时记录　　　C. 成本计算单　　　D. 销售发票

17. 生产与存货循环的内部控制包括( )。

A. 成本会计制度　　B. 存货存储控制　　C. 存货的监盘　　D. 薪酬的内部控制

18. 存货截止测试的方法包括( )。

A. 抽查存货截止日前后的购货发票,并与验收单核对

B. 检查验收部门验收单,查明其对应的购货发票是否在同期入账

C. 检查成本计算单

D. 检查材料费用分配表

19. 存货监盘程序涉及( )。

A. 检查存货以确定其是否存在,评价存货状况,并对存货盘点结果进行测试

B. 观察管理层指令的遵守情况以及用于记录和控制存货盘点结果的程序的实施情况

C. 获取有关管理层存货盘点程序可靠性的审计证据

D. 为存货的完整性提供审计证据

20. 在对生产与存货循环的审计过程中,注册会计师想要证实存货的成本以正确的金额在恰当的会计期间及时记录于适当的账户,可以实施的实质性程序有( )。

A. 对成本实施分析程序

B. 对重大在产品项目进行计价测试

C. 测试是否按照规定的成本核算流程和账务处理流程进行核算和财务处理

D. 抽查成本计算单,检查各种费用的归集和分配以及成本的计算是否正确

21. 按不相容职务分离的基本要求,担任被审计单位存货保管职务的人员不得再兼任的职务有( )。

A. 存货的采购　　B. 存货的清查　　C. 存货的验收　　D. 存货处置的申请

22. 下列有关存货监盘计划的表述中,正确的有( )。

A. 注册会计师应当将存货监盘的目标、范围及时间安排纳入监盘计划

B. 注册会计师在对存货进行监盘时必须采用控制测试

C. 如果注册会计师准备信赖被审计单位存货盘点的控制措施和程序,则应该以控制测试为主

7

D. 由于被审计单位对存货的盘点更为熟知,因此需要监盘人员的数量、人员组成均是由被审计单位决定,会计师事务所只需要根据这些信息派出相关具有专业胜任能力的人员即可

23. 下列事项中可能导致生产与存货交易和余额的重大错报风险变高的有(　　　　　　)。

A. 交易的数量庞大,业务复杂

B. 生产单一产品

C. 某些存货项目的可变现净值可能难以确定

D. 大型企业可能将存货存放在很多地点,并且可以在不同的地点之间转移存货

24. 如果年底某类存货销售激增导致库存数量下降为零,注册会计师应对其采取措施。以下措施中,可以发现存在虚假销售的是(　　　　　　)。

A. 将该类存货列入监盘范围　　　　　B. 进行销货截止测试

C. 计算分析该类存货的毛利率　　　　D. 选择年底大额销售客户寄发询证函

25. 下列各项中,属于领发料凭证的有(　　　　)。

A. 材料发出汇总表　　　　　　　　　B. 限额领料单

C. 退料单　　　　　　　　　　　　　D. 材料费用分配表

26. 下列有关验收完工产成品的表述中,正确的有(　　　　)。

A. 对产品的查点应由本车间负责生产质量专门人员负责

B. 入库单事先连续编号,并在产品入库后,一联留存仓库,一联留存会计部门

C. 产品入库前应由仓库管理员验收,并填制验收单

D. 产品入库前应由仓库管理员检查,并填制入库单

四、实训题

1. 注册会计师李达负责对乙公司 2022 年度财务报表进行审计。乙公司为玻璃制造企业,2022 年年末存货余额占资产总额比重较大。存货包括玻璃、煤炭、烧碱、石英砂,其中 60% 的玻璃存放在外地公用仓库。乙公司对存货核算采用永续盘存制,与存货相关的内部控制比较薄弱。乙公司于 2022 年 11 月 25 日至 27 日盘点存货,盘点工作和盘点监督工作分别由熟悉相关业务且具有独立性的人员执行,不同类型的存货安排不同的盘点小组。乙公司存货盘点计划的部分内容摘录如下:

(1) 存货盘点类型、地点和时间安排如表 7-1 所示。

表 7-1　　　　　　　　　　存货盘点类型、地点和时间安排表

地　点	存货类型	估计占存货总额的比例	盘　点　时　间
A 仓库	烧碱、煤炭	烧碱 10%,煤炭 5%	2022 年 11 月 25 日
B 仓库	烧碱、石英砂	烧碱 10%,石英砂 10%	2022 年 11 月 26 日
C 仓库	玻　璃	玻璃 26%	2022 年 11 月 27 日
外地公用仓库	玻　璃	玻璃 39%	

(2) 存放在外地公用仓库的检查。对存放在外地公用仓库的玻璃,检查公用仓库签收单,请公用仓库自行盘点,并提供 2022 年 11 月 27 日的盘点清单。

(3) 存货数量的确定方法。对烧碱、煤炭和石英砂等堆积型存货,采用观察以及检查相关的收、发、存凭证和记录的方法,确定存货数量;对存放在 C 仓库的玻璃,按照包装箱标明的规

格和数量进行盘点,并辅以适当的开箱检查。

（4）盘点标签的设计、使用和控制。对存放在 C 仓库玻璃的盘点,设计预先编号的一式两联的盘点标签。使用时,由于负责盘点存货的人员将一联粘贴在已盘点的存货上,另一联由其留存;盘点结束后,连同存货盘点表交存财务部门。

（5）盘点结束后,对出现盘盈或盘亏的存货,由仓库保管员将存货实物数量和仓库存货记录调节相符。

要求:逐项判断上述存货盘点计划是否存在缺陷。如果存在缺陷,简要提出改进建议。

2. 注册会计师张兴负责审计甲公司 2022 年度财务报表。甲公司主要从事服装的制造和销售,2022 年年末未审计财务报表存货余额为 1 000 万元。存货存放在下属乙制造厂和全国 60 家直营店。审计项目组确定财务报表整体的重要性为 100 万元。审计项目组实施存货监盘的部分事项如下:

（1）审计工作底稿中记录,存货监盘目标为获取有关甲公司资产负债表日存货数量的审计证据。

（2）审计项目组按 2022 年年末各存放地点存货余额进行排序,选取存货余额最大的 20 个地点（合计占年末存货余额的 60%）实施监盘。审计项目组根据选取地点的监盘结果,认为甲公司年末存货盘点结果良好。

（3）因天气原因,审计项目组成员未能按计划在 2022 年 12 月 31 日到达某直营店实施监盘。经与管理层协商,改在 2023 年 1 月 5 日实施监盘,并对 2022 年 12 月 31 日至 2023 年 1 月 5 日期间的存货变动情况实施审计程序。

（4）乙制造厂存货品种繁多,存放拥挤。为保证监盘工作顺利进行,张兴提前两天将拟抽盘项目清单发给乙制造厂财务部人员,要求其做好准备工作。

（5）甲公司委托 A 公司加工服装饰品,年末存放在 A 公司的存货金额约为 1 200 万元。审计项目组成员向 A 公司寄发询证函,未收到回函。审计项目组成员通过电话取得 A 公司对其保管的甲公司存货的确认,作为未取得回函的替代程序。

要求:假定不考虑其他条件,逐项指出审计项目组的处理是否恰当。如果不恰当,简要说明理由。

7

3. 注册会计师张兴负责对甲公司 2022 年度财务报表进行审计。甲公司从事商品零售业，存货占其资产总额的 60%。除自营业务外，甲公司还将部分柜台出租，并为承租商提供商品仓储服务。根据以往的经验和期中测试的结果，张兴认为甲公司有关存货的内部控制有效，并计划于 2022 年 12 月 31 日实施存货监盘程序，编制的存货监盘计划部分内容摘录如下：

(1) 在到达存货盘点现场后，监盘人员观察代柜台承租商保管的存货是否已经单独存放并予以标明，确定其未被纳入存货盘点范围。

(2) 在甲公司开始盘点存货前，监盘人员在拟检查的存货项目上作出标识。

(3) 对以标准规格包装箱包装的存货，监盘人员根据包装箱的数量及每箱的标准容量直接计算确定存货的数量。

(4) 在存货监盘过程中，监盘人员除关注存货的数量外，还需要特别关注存货是否出现毁损、陈旧、过时及残次等情况。

(5) 在存货监盘结束时，监盘人员将除作废的盘点表单以外的所有盘点表单的号码记录于监盘工作底稿。

要求：

(1) 逐项指出上述处理是否存在不当之处。如果存在，简要说明理由。

(2) 假设恶劣天气导致监盘人员于原定存货监盘日未能到达盘点现场，指出 A 应当采取何种补救措施。

4. 甲公司的营业成本均为所销售产品的成本，甲公司存货项目余额及相关资料如表 7-2、表 7-3 所示。

表 7-2　　　　　　　　　　　存货项目余额表　　　　　　　　　　　单位：元

存货项目余额	2022 年 12 月 31 日	2021 年 12 月 31 日
原材料余额	7 500	4 800
在产品余额	6 800	5 300
产成品余额	13 700	12 400

表 7-3　　　　　　　　　　　　存货相关资料　　　　　　　　　　　　单位：元

项　　目	2022 年度	2021 年度
生产成本发生额		119 000
原材料当期购进	112 700	103 800
原材料当期其他发出	5 000	4 200
当期直接人工及制造费用	70 000	55 000

要求：假定不考虑其他因素，请计算甲公司 2022 年度的营业成本。

7

五、案例分析题

1. 注册会计师对 M 公司 2022 年度财务报表进行审计时,发现报告日前后所发生的业务事项如下:

(1) 2023 年 1 月 5 日,收到价值为 10 000 元的货物,入账日期为 2023 年 1 月 8 日,发票上注明由供应商负责运送,异地交货,开票日期为 2022 年 12 月 18 日。

(2) 实地盘点时,M 公司有一批价值 5 000 元的产品已放在装运处,因包装纸上注明"待发运"字样而未计入存货。经调查发现,顾客的订货单日期为 2022 年 12 月 18 日,顾客于 2023 年 1 月 6 日收到货款后付款。

(3) 2023 年 1 月 6 日收到价值为 9 000 元的物品,并于当天登记入账。该物品于 2022 年 12 月 26 日按供货商离厂交货条件运送,因 2022 年 12 月 31 日尚未收到,故未计入报告日存货。

(4) 按顾客订单制作的某产品,于 2022 年 12 月 31 日完工并送至装运部门,顾客已于该日付款。该产品于 2023 年 1 月 5 日送出,但未包括在 2022 年 12 月 31 日存货内。

要求:分析上述四种情况下的物品是否应包括在 2022 年 12 月 31 日的存货内,并说明理由。

2. 注册会计师在 2023 年 3 月 1 日审查 M 公司 2022 年 12 月"材料采购明细账"时发现甲材料采购成本包括以下费用：

（1）因延迟付款而支付违约金 2 000 元。

（2）采购人员差旅费 2 500 元。

（3）买价和运杂费。

（4）运输途中的合理损耗。

经审查，M 公司存货采用先进先出法计价，甲材料 11 月月初结存 200 件，11 月生产领用 150 件，11 月购入材料的成本对 11 月发出材料的计价不产生影响。

要求：分析存在的问题，提出处理意见，并编制审计调整分录。

3. 某企业材料采用计划成本核算，注册会计师在审阅基本生产车间的"生产成本""原材料"和"材料成本差异"等明细账时，发现甲材料 12 月月初"材料成本差异"账户为借方余额 8 340 元，库存原材料计划成本为 320 000 元。12 月购入甲材料的实际成本为 2 455 000 元，计划成本为 2 500 000 元，12 月发出甲材料的计划成本为 960 000 元，其中生产车间生产产品领用 920 000 元，生产车间一般耗用领用 12 000 元，行政管理部门领用 8 000 元，销售部门领用 20 000 元；结转耗用材料的实际成本为 931 960 元。12 月产品全部完工并售出。

要求：

（1）指出该资料中注册会计师所运用的审计程序是否正确，并说明理由。

（2）指出该企业存在的问题，并提出审计调整建议。

7

4. 长江公司主要从事小型电子消费品的生产和销售。甲注册会计师负责审计长江公司 2022 年度财务报表。

资料一：甲在审计工作底稿中记录了其所了解的长江公司情况及其环境，部分内容摘要如下：

2022 年年初，长江公司董事会决定将每月薪酬发放日由当月最后 1 日推迟到次月 5 日，同时将员工薪酬水平平均上调 10%。长江公司 2022 年员工队伍基本稳定。

资料二：甲在审计工作底稿中记录了长江公司合并财务数据，部分内容摘录如表 7 - 4 所示。

表 7 - 4　　　　　　　　　　　长江公司相关财务数据　　　　　　　　　　单位：万元

项　　目	2022 年未审数			2021 年已审数		
	A 产品	B 产品	其他产品	A 产品	B 产品	其他产品
营业收入	3 000	6 000	140 000	0	5 000	118 000
营业成本	2 000	5 700	111 000	0	4 600	90 000
存货账面余额	180	600	30 000	0	500	23 000
减：存货跌价准备	0	0	0	0	0	0
存货账面价值	180	600	30 000	0	500	23 000
固定资产原值	298 000			265 500		
减：累计折旧	177 200			154 700		
减：固定资产减值准备	400			400		
固定资产账面价值	120 400			110 400		
商誉——购入丙公司形成	600			0		
预付款项	0			0		
基本广告服务费	20			0		
追加广告服务费	100			0		
年末余额	120			0		
应付职工薪酬	6			5		
预计负债——产品质量保证	100			90		
销售费用——运输费	120			0		

要求：假定不考虑其他条件，指出资料一所列事项是否可能表明存在重大错报风险。如果认为存在，简要说明理由，并说明该风险主要与哪些财务报表项目相关。

5.甲注册会计师负责对 X 公司 2022 年度财务报表实施审计,相关情况如下:

资料一:甲在审计工作底稿中记载了与 X 公司及其环境相关的情况,部分内容摘录如下:

(1)为实现以生产为核心的管理目标,X 公司董事会决定从 2022 年年初开始在全公司范围内实行管理人员薪酬随直接人工费用变动的浮动工资制。

(2)2022 年下半年,X 公司有 20％的普通工人退休,人力资源部门按照董事会要求的“退一个,补一个”的原则完成熟练工人招聘任务。

资料二:甲在审计工作底稿中记录了所获取的 X 公司合并财务数据,部分内容摘录如表 7-5 所示。

表 7-5　　　　　　　　　　　　X 公司相关财务数据　　　　　　　　　　单位:万元

项　　目	2022 年未审数	2021 年已审数
管理人员薪酬	100	100
直接人工费用	500	400
应付职工薪酬	600	600

资料三:甲在审计工作底稿中记录了拟实施的实质性程序,部分内容摘录如下:

(1)对各类员工进行结构比例分析,根据相邻两年间结构比例的变动估算 2021 年度应付职工薪酬的变动,与 2022 年度实际计提的金额进行比较。

(2)根据生产工人人数的变动幅度估算直接人工费用的变动幅度,与管理人员薪酬总额的实际变动幅度进行比较,分析差异是否合理。

要求:

(1)结合资料二,假定不考虑其他条件,指出资料一所列事项是否可能表明存在重大错报风险。如果认为存在,简要说明理由,并说明该风险主要与应付职工薪酬项目的哪一个认定相关。

(2)针对资料三所列示的实质性程序,假定不考虑其他条件,指出该实质性程序与已识别的重大错报风险是否直接相关,并简要说明理由。

7

6.2023 年 1 月 18 日,注册会计师刘林在审核 A 公司"应付职工薪酬"项目时,发现 2022 年 12 月 156 号凭证摘要为发放福利费,账务处理如下:

借:管理费用　　　　　　　　　　　　　　　　　　　　　　8 000 000
　　贷:库存商品　　　　　　　　　　　　　　　　　　　　　　8 000 000

刘林进一步查核所附原始凭证,证实为甲公司将自产的 400 件产品作为福利发放给本公司管理人员。该批产品的单件成本为 2 万元,市场销售价格为每件 3.1 万元(不含增值税)。甲公司为增值税一般纳税人,适用的增值税率为 13%,不考虑其他相关税费。

要求:请结合案例分析该公司存在的问题,并提出处理意见。

7. X 公司主营方便食品的生产、加工和销售,存货主要包括大米、面粉、猪肉、调料、添加剂等原材料和面包、香肠等保质期为 10 天的产成品。原材料存放在厂区 3 个仓库中,大约 30% 的产成品存放在厂区冷库中,70% 的产成品以支付柜台租赁费方式在全市 60 家大型超市直销。由于年末正值销售旺季,X 公司决定在 2023 年 2 月 20 日对存货进行盘点。

注册会计师李达编制的存货监盘计划部分内容摘录如下:

(1)风险评估的摘录:存货存在认定、完整性认定的重大错报风险为高水平,准确性、计价和分摊认定的重大错报风险为低水平。

(2)监盘范围的摘录:厂区的原材料仓库、冷库和大型超市的直销柜台,但不包括小型食品店。

(3)监盘程序的摘录:对厂区存放的存货实施现场监盘,对直销的存货以积极的方式向相关的大型超市实施函证。

(4)结果调节的摘录:直接根据 2022 年 12 月 31 日至盘点日之间的存货增减记录和盘点日的盘点结果调节得出资产负债表日的存货结存量和余额。

要求:

(1)单独考虑存货监盘计划中列示的各项摘录内容,逐一指出存货监盘计划中的处理是否妥当。如果认为不妥当,请简要说明理由。

(2)请指出注册会计师在存货监盘计划中列示的存货监盘时间应当涉及哪些方面。

8. 某企业仓库保管员负责登记存货明细账,以便对仓库中所有存货项目的收、发、存进行永续记录。当收到验收部门送交的存货和验收单后,根据验收单登记存货领料单。平时,各车间或其他部门如果需要领取原材料,都可以填写领料单,仓库保管员根据领料单发出原材料。公司辅助材料的用量很少,因此领取辅助材料时,没有要求使用领料单。各车间经常有辅助材料剩余(根据每天特定工作购买而未消耗掉,但其实还可再为其他工作所用),这些材料由车间自行保管,无须通知仓库。如果仓库保管员有时间,偶尔也会对存货进行实地盘点。

要求:

(1) 指出上述描述的内部控制主要有什么缺陷,并简要说明该缺陷可能导致的错弊。

(2) 针对该企业存货内部控制上的缺陷,提出改进建议。

9. ABC 会计师事务所负责审计甲公司 2022 年度财务报表。A 注册会计师作为本次审计的审计合伙人。审计工作底稿中关于存货监盘相关的部分内容摘录如下:

(1) A 注册会计师在了解甲公司的存货盘点程序时,发现该程序存在缺陷,考虑到项目组不对甲公司的内部控制发表审计意见,故未提请甲公司对存货盘点程序进行调整。

(2) 经了解,甲公司的存货存放在多个地点,A 注册会计师要求甲公司管理层提供一份完整的存货存放地点清单,A 注册会计师根据清单确定了存货监盘的范围,未实施其他审计程序。

(3) A 注册会计师按存货项目定义抽样单元,选取 X 产品为抽盘样本项目之一。X 产品分散在 4 个仓库中,考虑到监盘人员有限,且有 1 个仓库距离甲公司很远,A 注册会计师安排监盘人员对剩余的 3 个仓库中的 X 存货进行了监盘,未发现差异,监盘结果满意。

(4) 在制订存货监盘计划时,A 注册会计师将盘点日以前入库和盘点日后出库的存货纳入了存货监盘范围。

(5) 在对 Y 产品进行监盘时突降大雨,导致无法在存货盘点现场实施监盘,A 注册会计师决定实施替代程序来获取充分、适当的审计证据。

要求:针对上述第(1)至(5)项,逐项判断 A 注册会计师的做法是否恰当。如不恰当,简要说明理由。

7

项目八 审计货币资金

学 习 指 导

一、学习目的与要求

通过本项目的学习,了解货币资金涉及的主要业务活动和会计记录,熟悉货币资金的内部控制及内控测试程序,掌握库存现金、银行存款的确认与计量的检查,掌握库存现金、银行存款审计的实质性程序。

二、学习要点

1. 货币资金涉及的业务活动和凭证记录
2. 货币资金的内部控制及其测试
3. 库存现金的审计目标和实质性程序
4. 银行存款的审计目标和实质性程序

三、重难点问题

1. 库存现金的监盘
2. 取得并检查银行对账单和银行存款余额调节表
3. 银行存款的函证

8-1
监盘库存
现金(微课)

习 题 与 实 训

一、判断题

1. 由于库存现金余额较小,产生的错弊金额也很小,因此注册会计师对货币资金审计可以不进行实质性程序。 (　　)

2. 监盘库存现金通常采用突击的方式进行,库存现金保管人员不必始终在场。 (　　)

3. 监盘库存现金必须有出纳员和被审计单位会计机构负责人参加,并由注册会计师亲自进行盘点。 (　　)

4. 出纳人员不得兼管稽核、档案保管工作,但可以进行收入、费用、债权账目的登记工作。 (　　)

5. 银行存款函证的目的不包括查找未入账的银行借款。 (　　)

6. 通过对银行存款余额调节表的审查,可以验证期末存款的真正余额。　　（　　）

7. 库存现金截止测试是为了证实库存现金余额的正确性。　　（　　）

8. 监盘库存现金是证实资产负债表中所列库存现金是否存在的一项重要程序。（　　）

9. 若被审计单位某一银行账户已结清,注册会计师可不再向此银行进行函证。（　　）

10. 支票和印章仅由一人保管或名义上由两人保管而实际上已预先在支票上盖章,则该业务环节内部控制仍然有效。　　（　　）

11. 资产负债表日后进行库存现金盘点时,应倒推计算调整至资产负债表日的金额。

（　　）

12. 审计人员执行库存现金的监盘程序时必须有被审计单位的出纳和会计主管人员参加。

（　　）

13. 库存现金的盘点一般不能在资产负债表日之后进行,因为盘点的目的是证实资产负债表日库存现金的实际库存数。　　（　　）

14. 监盘库存现金的盘点范围包括未存入银行的已收现金、零用金、找换金及各部门人员领用的备用金。　　（　　）

15. 银行存款账户余额为零,但只要存在本期发生额,审计人员就应进行函证。（　　）

16. 审计人员在执行对银行存款项目的审计时,应注意被审计单位是否按我国现金管理有关规定对超过规定限额以上的现金支出一律使用支票。　　（　　）

17. 审计人员在对银行存款进行控制测试时,可以抽取适当收款凭证检查收款凭证金额是否与销售发票、经批准的销售单、销售明细账以及银行存款日记账的相关金额一致。（　　）

18. 检查现金付款的授权批准手续是否符合规定,属于库存现金控制测试的内容。

（　　）

19. 库存现金的盘点应事先告知被审计单位,以使其协助注册会计师的工作。（　　）

20. 盘点库存现金的时间和人员可视被审计单位的具体情况而定,但必须有被审计单位会计主管人员和出纳人员参加。　　（　　）

21. 如果出纳人员同时登记应收账款明细账,很可能发生货款循环挪用的情况。（　　）

22. 注册会计师如果从被审计单位内部获取了银行对账单,则无必要再对银行存款实施函证。　　（　　）

23. 函证银行存款时,注册会计师应向被审计单位在本年有过存款业务的所有银行发函。

（　　）

24. 为了提高工作效率,节约人工成本,货币资金业务的全过程可由一个工作人员办理。

（　　）

25. 被审计单位资产负债表中包含的现金数额,应以盘点日实有数额为准。（　　）

26. 货币资金审计与业务循环审计存在着密切关系,一些最终影响货币资金的错误只有对销售、采购、筹资和投资的交易循环进行审计测试才会被发现。　　（　　）

27. 函证银行存款仅仅是为了证实银行存款是否真实存在。　　（　　）

28. 一年以上的定期银行存款或限定用途的存款,不属于企业的银行存款,应列于其他长期资产类之下。　　（　　）

8

二、单项选择题

1. 对库存现金实有数额的审计应通过对库存现金实施(　　)来进行。

A. 函证　　　　　　　B. 重新计算　　　　　C. 分析程序　　　　　D. 监盘

2. 核实银行存款的实有数额,采用(　　　)或派人到开户银行取得资产负债表日银行存款数额的证明。

A. 询问　　　　　　　B. 函证　　　　　　　C. 重新计算　　　　　D. 监盘

3. 下列与库存现金业务有关的职责可以不分离的是(　　　)。

A. 库存现金支付的审批与执行　　　　　　B. 库存现金保管与库存现金日记账的记录

C. 库存现金的会计分录与定期盘点监督　　D. 库存现金日记账与库存现金总账的记录

4. 货币资金审计不涉及的凭证与记录是(　　　)。

A. 库存现金盘点表　　　　　　　　　　　B. 银行对账单

C. 银行存款余额调节表　　　　　　　　　D. 库存现金对账单

5. 如果被审计单位的某开户银行账户金额为零,注册会计师(　　　)。

A. 不需要再向该银行函证

B. 仍需要向该银行函证

C. 可根据需要确定是否函证

D. 可根据审计业务约定书的要求确定是否函证

6. 被审计单位资产负债表上的库存现金数额,应以(　　　)为准。

A. 结账日实有数额　　　　　　　　　　　B. 结账日账面数额

C. 盘点时账面数额　　　　　　　　　　　D. 盘点时实有数额

7. 注册会计师测试库存现金余额的起点是(　　　)。

A. 盘点库存现金

B. 核对库存现金日记账与总账的余额是否相符

C. 抽查大额现金收支

D. 审查现金收支的截止

8. 审计时盘点库存现金,一般采用(　　　)方式进行。

A. 突击　　　　　　　B. 定期　　　　　　　C. 预告　　　　　　　D. 不定期

9. 证实资产负债表所列银行存款是否存在的重要程序是检查(　　　)。

A. 银行存款日记账　　　　　　　　　　　B. 对账单

C. 银行存款余额调节表　　　　　　　　　D. 银行存款记账凭证

10. 货币资金内部控制的以下关键环节中,存在重大缺陷的是(　　　)。

A. 财务专用章由专人保管,个人名章由本人或其授权人员保管

B. 对重要货币资金支付业务,实行集体决策

C. 指定专人定期核对银行账户,每月核对一次,编制银行存款余额调节表,使银行存款账面余额与银行对账单调节相符

D. 现金收入及时存入银行,特殊情况下,经主管领导审查批准方可坐支现金

11. 向开户银行函证,可以证实若干项目标,其中最基本的目标是(　　　)。

A. 银行存款是否存在　　　　　　　　　　B. 是否有欠银行的债务

C. 是否有漏列的负债　　　　　　　　　　D. 是否有充作抵押担保的存货

12. 下列情形中,不违反货币资金"不相容岗位相互分离"控制原则的是(　　　)。

A. 由出纳人员兼任固定资产明细账的登记工作

B. 由出纳人员兼任会计档案保管工作

C. 由出纳人员兼任收入总账和明细账的登记工作

D. 由出纳人员保管签发支票所需全部印章

13. 针对被审计单位下列与库存现金相关的内部控制,审计人员应提出的改进建议是(　　)。

A. 每日及时记录现金收入并定期向顾客寄送对账单

B. 登记库存现金日记账的人员负责登记现金总账

C. 现金折扣需要经过适当审批

D. 每日盘点库存现金并与账面余额核对

14. 如果审计人员在资产负债表日后对库存现金进行监盘,应当根据盘点数与资产负债表日至(　　)的现金收支数,倒推计算资产负债表上所包含的库存现金数是否正确。

A. 审计报告日　　　　B. 资产负债表日　　　　C. 盘点日　　　　D. 审计工作完成日

15. 监盘库存现金时,被审计单位必须参加盘点的人员是(　　)。

A. 会计主管人员和内部审计人员　　　　B. 出纳和会计主管人员

C. 现金出纳员和财务经理　　　　D. 出纳员和财务总监

16. 在对银行存款进行审计时,如果某银行账户银行对账单余额与银行存款日记账余额不符,最有效的审计程序是(　　)。

A. 重新测试相关的内部控制

B. 检查银行对账单中记录的资产负债表日前后的收付情况

C. 检查银行存款日记账中记录的资产负债表日前后的收付情况

D. 检查该银行账户的银行存款余额调节表

17. 审计人员实施的下列各项关于银行存款的实质性程序中,能够证实银行存款是否存在最有效的是(　　)。

A. 分析非银行金融机构的存款占银行存款比例

B. 检查银行存款余额调节表

C. 函证银行存款余额

D. 检查银行存款收支的正确截止

18. 下列关于货币资金审计的说法中,错误的是(　　)。

A. 注册会计师监盘库存现金的目的主要是证实其完整性

B. 注册会计师对结账日前后一段时期内现金收支凭证进行审计,主要的目的是确定现金收支的截止

C. 注册会计师应当对银行存款(包括零余额账户和在本期内注销的账户)实施函证,除非有充分证据表明其不重要且相关重大错报风险很低

D. 注册会计师应该关注是否存在质押、冻结等对变现有限制或存在境外的款项,如果存在,则要考虑是否已做必要的调整和披露

19. 下列各项中,应与向银行寄发的询证函中的余额信息保持一致的是(　　)。

A. 银行对账单　　　　B. 银行存款余额调节表

C. 银行存款日记账　　　　D. 银行存款总账

20. 下列有关货币资金内部控制的说法中,错误的是(　　)。

A. 出纳人员不得兼任稽核、收入、支出、费用、债权债务账目的登记工作,但可以负责会计档案保管

B. 审批人应当根据货币资金授权批准制度的规定,在授权范围内进行审批,不得超越审批权限。对于审批人超越授权范围审批的货币资金业务,经办人员有权拒绝办理,并及时向审批人的上级授权部门报告

C. 企业对于重要货币资金支付业务,应当实行集体决策和审批,并建立责任追究制度,防范贪污、侵占、挪用货币资金等行为

D. 企业取得的货币资金收入需要及时入账,不得私设"小金库",不得账外设账,严禁收款不入账

21. 下列有关被审计单位货币资金管理的说法中,注册会计师认为错误的是(　　)。

A. 出纳负责现金保管及登记现金及银行存款日记账

B. 10 万元以下资金使用由财务经理授权批准,10 万元以上资金使用由总经理授权批准

C. 由不负责货币资金业务的人员每月定期核对银行账户,编制银行存款余额调节表

D. 财务专用章由专人保管,个人名章由本人或其授权人员保管

22. 注册会计师为证实登记入账的现金收入确实为企业已经实际收到的现金这一控制目标,实施的实质性程序正确的是(　　)。

A. 检查是否存在未入账的现金收入

B. 检查是否定期盘点

C. 检查是否定期取得银行对账单

D. 分析监盘库存现金数额与账面数额差异原因

23. 如果被审计单位存在以下事项或情形,注册会计师不需要保持警觉的是(　　)。

A. 银行账户开立数量与企业实际的业务规模不匹配

B. 在没有经营业务的地区开立银行账户

C. 货币资金收支金额与现金流量表相匹配

D. 存在长期或大量银行未达账项

24. 盘点库存现金,不能实现的审计目标是(　　)。

A. 确定库存现金在财务报表日是否确实存在,是否为被审计单位所拥有或控制

B. 确定在特定期间内发生的现金收支业务是否均已记录完毕

C. 确定库存现金的余额是否正确

D. 确定库存现金在报表上的披露是否恰当

25. 甲公司制订的有关银行存款的内部控制制度如下,错误的是(　　)。

A. 次月月初由会计主管查验银行存款余额调节表的编制情况

B. 出纳人员负责登记银行存款总账

C. 银行存款的收支与记账的岗位分离

D. 不得由一人办理货币资金业务的全过程

26. 下列关于库存现金和银行存款的管理的说法中,错误的是(　　)。

A. 企业应当加强库存现金限额的管理,超过库存限额的现金应及时存入银行

B. 出纳员个人名章应当交由财务经理保管

C. 企业借出款项必须执行严格的授权批准程序

D. 除非存在特殊情况,否则企业不得从现金收入中直接坐支

27. 注册会计师在对被审计单位实施风险评估程序时发现存在未经授权人员接触现金的情况,在评估重大错报风险时,应将货币资金的(　　)认定确定为重点审计领域。

A. 存在   B. 完整性

C. 准确性、计价和分摊   D. 权利和义务

28. 如果被审计单位某银行账户的银行对账单余额与银行存款日记账余额不符,最有效的审计程序是(   )。

A. 检查该银行账户的银行存款余额调节表

B. 重新测试相关的内部控制

C. 检查银行存款日记账中记录的资产负债表日前后的收付情况

D. 检查银行对账单中记录的资产负债表日前后的收付情况

29. 注册会计师实施的下列程序中,属于控制测试程序的是(   )。

A. 取得银行存款余额调节表并检查未达账项的真实性

B. 检查银行存款收支的正确截止

C. 检查是否定期取得银行对账单并编制银行存款余额调节表

D. 函证银行存款余额

30. 注册会计师拟对甲公司银行存款余额实施函证程序,以下做法中,正确的是(   )。

A. 以甲公司的名义寄发银行询证函

B. 除余额为零的银行存款账户以外,必须对甲公司其他所有银行存款账户实施函证程序

C. 甲公司代为填写银行询证函后,交由注册会计师直接发出并回收

D. 如果银行询证回函结果表明没有差异,则可以认定银行存款余额是正确的

三、多项选择题

1. 下列各项审计程序中,能够证实银行存款是否存在的有(   )。

A. 分析定期存款占银行存款的比例   B. 检查银行存款余额调节表

C. 函证银行存款余额   D. 分析银行存款占货币资金的比例

2. 影响银行存款的循环包括(   )。

A. 销售与收款循环   B. 采购与付款循环

C. 筹资与投资循环   D. 生产与存货循环

3. 注册会计师寄发的银行询证函(   )。

A. 是以被审计单位的名义发往开户银行的

B. 是以会计师事务所的名义发往开户银行的

C. 要求银行直接回函至会计师事务所

D. 包括银行存款和借款余额

4. 资产负债表日后盘点库存现金时,注册会计师应(   )调整至资产负债表日的金额。

A. 扣减资产负债表日至盘点日库存现金增加额

B. 扣减资产负债表日至盘点日库存现金减少额

C. 加计资产负债表日至盘点日库存现金增加额

D. 加计资产负债表日至盘点日库存现金减少额

5. 下列关于监盘库存现金的表述中,正确的有(   )。

A. 监盘库存现金是证实资产负债表所列库存现金是否存在的一项重要程序

B. 实施突击性检查,时间最好是上午上班之前或下午下班时

C. 在盘点之前,应由注册会计师将库存现金集中起来

D. 对库存现金存放部门有两处或两处以上的,应同时进行盘点

6. 审计人员拟对货币资金实施的以下审计程序中,不属于实质性程序的有(   )。

A. 检查银行预留印鉴的保管情况

B. 检查银行存款余额调节表中未达账项在资产负债表日后的进账情况

C. 检查现金交易中存在应通过银行办理转账支付的项目

D. 检查外币银行存款年末余额是否按年末汇票折合为记账本位币金额

7. 审计人员在执行库存现金审计时通常需要对现金相关的内部控制进行了解,一般而言,一个良好的现金内部控制体现为(   )。

A. 全部现金收入及时准确入账,并且支出要有标准手续

B. 现金收支要有合理、合法的凭证,控制现金坐支

C. 现金收支与记账的岗位分离,按月盘点现金

D. 加强对现金收支业务的内部审计

8. 在监盘现金时,下列处理中,不恰当的有(   )。

A. 监盘应采用预告方式进行

B. 监盘时应有出纳人员在场

C. 监盘表只能由出纳人员签字,以明确责任

D. 注册会计师亲自盘点

9. 下列描述的情况中,符合现金监盘要求的有(   )。

A. 参与盘点的人员必须有出纳员,被审计单位会计主管和注册会计师

B. 盘点之前应将已办理现金收付款的收付凭证记入现金日记账

C. 对不同存放地点的现金应同时进行盘点

D. 盘点时间必须安排在当日现金收付业务的进行过程中,采取突击盘点方式

10. 在进行年度财务报表审计时,为了证明被审计单位在临近 12 月 31 日签发的支票未予入账,审计人员可以实施的审计程序有(   )。

A. 函证 12 月 31 日的银行存款余额   B. 审查 12 月份的支票存根

C. 审查 12 月 31 日的银行对账单   D. 审查 12 月 31 日的银行存款余额调节表

11. 2022 年 12 月月末银行存款余额调节表显示存在 80 000 元的未达账项,其中包括企业已付而银行未付的材料采购款 40 000 元。注册会计师执行的以下审计程序中,可能为该材料采购款未达账项的真实性提供审计证据的有(   )。

A. 就 2022 年 12 月月末银行存款余额向银行询证

B. 向相关的原材料供应商寄发询证函询证该笔购货业务

C. 检查 2023 年 1 月的银行对账单中是否存在该笔支出

D. 检查相关的合作合同、供应商销售发票和相应的验收报告及付款审批手续

12. 下列说法中,不正确的有(   )。

A. 审计人员对银行存款的函证,可以采用积极式和消极式

B. 审计人员审计银行存款时不需要对账户余额为零的事项进行函证

C. 审计人员向被审计单位在本年存过款的所有银行发函,其中包括企业存款账户已结清的银行,因为有可能存款账户已结清,但仍有银行借款或其他负债存在

D. 向银行函证企业的银行存款,能够证实企业银行存款的真实性,不能证实企业银行存

款的完整性

13. 审计人员在执行 A 公司银行存款余额函证程序时提出了以下观点,其中正确的有(　　　)。

A. 以 A 公司的名义寄发银行询证函

B. 由 A 公司代为填写银行询证函后,交由注册会计师发出并收回

C. 如果银行询证函回函结果表明没有差异,则可以认定银行存款余额是正确的

D. 除余额为零的银行账户以外,必须对 A 公司所有银行存款账户实施函证程序

14. 下列说法中错误的有(　　　)。

A. 注册会计师对银行存款的函证,可以采用积极式或消极式函证

B. 注册会计师审计银行存款时不需要对账户余额为零的进行函证

C. 注册会计师应向被审计单位在本年存过款的所有银行发函,其中包括企业存款账户已结清的银行,因为有可能存款账户已结清,但仍有银行借款或其他负债存在

D. 向银行函证企业的银行存款,能够证实企业银行存款的真实性,不能证实企业银行借款的完整性

15. 以下有关银行存款函证的说法中,正确的有(　　　)。

A. 函证银行存款是证实资产负债表所列银行存款是否存在的重要程序

B. 银行存款函证时以会计师事务所的名义发函询证

C. 零余额账户和在本期内注销的账户无须函证,而是实施其他替代审计程序

D. 如果不对某些项目实施函证程序,注册会计师应当在审计工作底稿中说明理由

16. 下列关于货币资金内部控制的表述中,正确的有(　　　)。

A. 会计主管指定出纳核对银行账户(每月至少一次),编制银行存款余额调节表

B. 出纳人员一般不得同时从事银行对账单的获取、银行存款余额调节表的编制工作

C. 不得由一人办理货币资金业务的全过程

D. 对于重要的货币资金业务,应当实施集体决策和审批

17. 注册会计师在检查支票相关的内控时,发现以下情况,其中说明被审计单位内控存在缺陷的有(　　　)。

A. 存在未附有付款凭单而签发的支票

B. 存在已签署支票而未在其凭单和支持性凭证上加盖印戳或打洞注销的情况

C. 出纳被授权签署支票

D. 财务总监签发空白支票

18. 下列与货币资金相关的业务活动中,恰当的有(　　　)。

A. 出纳员每日对库存现金自行盘点,编制现金报表

B. 每月月末,出纳员对现金进行盘点,编制库存现金盘点表,将盘点金额与库存现金日记账余额进行核对

C. 会计主管复核库存现金盘点表,如果盘点金额与库存现金日记账余额存在差异,需查明原因并报财务经理批准后进行财务处理

D. 会计主管不定期检查现金日报表

19. 注册会计师对银行存款账户的发生额的下列考虑中,正确的有(　　　)。

A. 为了保证其真实性,注册会计师可以在被审计单位的协助下亲自到银行获取对账单

B. 因银行对账单属于外部证据,注册会计师应相信其真实性

C. 注册会计师在亲自获取对账单的过程中,应全程关注银行对账单的打印过程

D. 对银行对账单及被审计单位银行存款日记账记录进行双向核对

20. 监盘库存现金是证实资产负债表中所列库存现金是否存在的一项重要程序,还可以实现的审计目标有(   )。

A. 准确性、计价和分摊   B. 完整性

C. 在财务报表中恰当披露   D. 权利和义务

21. 下列关于货币资金内部控制的说法中,正确的有(   )。

A. 货币资金收支与记账的岗位分离

B. 货币资金收支要有合理、合法的凭据

C. 全部收支及时准确入账,并且支出要有核准手续

D. 规定每年年末盘点现金一次,编制银行存款余额调节表

22. 在监盘库存现金时,下列选项中,处理不恰当的有(   )。

A. 监盘时间最好选择在上午上班前或下午下班时进行

B. 监盘时应有出纳人员在场

C. 监盘表只能由出纳人员签字,以明确责任

D. 注册会计师亲自盘点

23. 下列各项工作中,出纳人员不得从事的有(   )。

A. 编制银行存款余额调节表   B. 会计档案的保管

C. 债权债务的账目登记   D. 登记库存现金日记账

24. 被审计单位下列与货币资金相关的内部控制中,存在缺陷的有(   )。

A. 对于审批人员超越授权范围审批的货币资金业务,经办人员先行办理后,需要及时向审批人的上级授权部门报告

B. 不签发、取得和转让没有真实交易和债权债务的票据

C. 出纳人员应当根据复核无误的支付申请,按规定办理货币资金支付手续,及时登记库存现金和银行存款日记账

D. 出纳人员支付货币资金后,应及时登记应付账款明细账

25. 下列有关银行存款的实质性程序的说法中,正确的有(   )。

A. 如果对被审计单位银行账户的完整性存有疑虑,注册会计师应取得管理层提供的《已开立银行结算账户清单》

B. 如果对被审计单位银行对账单的真实性存有疑虑,注册会计师可以在被审计单位的协助下亲自到银行获取银行对账单

C. 注册会计师实施银行函证时,应当以会计师事务所的名义向银行发函询证

D. 注册会计师可以取得并检查银行对账单和银行存款余额调节表,以证实银行存款是否存在

26. 下列各项中,注册会计师通常应纳入库存现金监盘范围的有(   )。

A. 财务部门未存入银行的现金   B. 行政部门经管的备用金

C. 业务部门的零用金   D. 销售部门的找换金

四、实训题

1. 注册会计师对 M 公司的银行存款进行审计。经查该公司 2022 年 12 月 31 日银行存款

日记账的余额为 84 000 元,银行对账单余额为 111 000 元,经过逐笔核对有如下未达账项:

(1) 企业收到销货款 3 000 元已登账,银行尚未入账。

(2) 企业支付购料款 27 000 元已登账,银行尚未入账。

(3) 银行收到购货方汇来货款 15 000 元已登账,企业尚未入账。

(4) 银行代企业支付购料款 12 000 元已登账,企业尚未入账。

要求:编制银行存款余额调节表。

2. 注册会计师对 W 公司银行存款进行审计。经查该公司 2022 年 12 月 31 日银行存款日记账余额为 53 360 元;银行存款对账单余额为 50 800 元(经核对是正确的)。

经核对发现 2022 年 12 月存在如下未达账项:

(1) 15 日,收到银行收款通知单,金额为 7 700 元,公司入账时误记为 7 000 元。

(2) 29 日,委托银行收款 5 000 元,银行已入账,收款通知尚未到达企业。

(3) 31 日,银行已代付企业电费 1 000 元,银行已入账,企业尚未收到付款通知。

(4) 31 日,企业收到外单位转账支票一张,金额为 7 200 元,企业已收款入账,银行尚未记账。

(5) 31 日,企业开出一张金额为 1 600 元现金支票,企业已减少存款,银行尚未入账。

要求:

(1) 根据上述情况编制银行存款余额调节表。

(2) 假定银行存款对账单中存款余额无误:

① 编制的调节表中发现的错误数额是多少?

② 这种错记属于何种性质的错误?

③ 2022 年 12 月 31 日银行存款日记账的正确余额是多少?

④ 如果 2022 年 12 月 31 日资产负债表上的"货币资金"项目中的银行存款余额为 56 000 元,请问是否真实?

⑤ 应该使用什么审计方法证明银行存款的真实性? 执行过程要注意哪些问题?

8

3. ABC 会计师事务所的 A 注册会计师负责审计甲公司 2022 年度财务报表。与货币资金审计相关的部分事项如下：

（1）A 注册会计师认为库存现金重大错报风险很低，因此未测试甲公司财务主管每月月末盘点库存现金的控制，于 2022 年 12 月 31 日实施了现金监盘，结果满意。

（2）对于账面余额与银行对账单余额存在差异的银行账户，A 注册会计师获取了银行存款余额调节表，检查了调节表中的加计数是否正确，并检查了调节后的银行存款日记账余额与银行对账单余额是否一致，据此认可了银行存款余额调节表。

（3）因对甲公司管理层提供的银行对账单的真实性存有疑虑，A 注册会计师在出纳陪同下前往银行获取银行对账单。在银行柜台人员打印对账单时，A 注册会计师前往该银行其他部门实施了银行函证。

（4）甲公司有一笔 2021 年 10 月存入的期限两年的大额定期存款。A 注册会计师在 2022 年度财务报表审计中检查了开户证实书原件并实施了函证，结果满意，因此未在 2022 年度审计中实施审计程序。

（5）为测试银行账户交易入账的真实性，A 注册会计师在验证银行对账单的真实性后，从银行存款日记账中选取样本与银行对账单进行核对，并检查了支持性文件，结果满意。

要求：针对上述第（1）至（5）项，逐项指出 A 注册会计师的做法是否恰当。如不恰当，简要说明理由。

4. 在对甲公司 2022 年度财务报表进行审计时,A 注册会计师负责审计货币资金项目,以下是相关情况摘要:

(1) 总部和营业部均设有出纳部门,为顺利监盘库存现金,A 注册会计师在监盘前一天通知甲公司会计主管人员做好监盘准备。

(2) 甲公司工作时间为每日上午 9 点至下午 5 点,考虑到出纳人员的日常工作安排,对总部和营业部库存现金的监盘时间分别定在上午 8 点和下午 5 点。

(3) 监盘时,由出纳人员与注册会计师共同参与,出纳人员将现金放入保险柜,并将已办妥现金收付手续的交易登入现金日记账,结出现金日记账余额。

(4) 由 A 注册会计师当场盘点现金,并将盘点金额与库存现金日记账余额进行核对。

(5) 由 A 注册会计师编制《库存现金监盘表》,在其签字后纳入审计工作底稿。

要求:针对上述(1)至(5)项,指出库存现金监盘工作中是否存在不当之处,并提出改进建议。

5. 审计人员审计某公司银行存款发现,12 月 31 日银行存款日记账余额为 133 750 元,银行对账单余额为 137 000 元。核对后发现以下未达账项:

(1) 12 月 29 日,委托银行收款 12 500 元,银行已入账,公司尚未收到收款通知单。

(2) 12 月 30 日,公司开出现金支票一张 400 元,银行尚未入账。

(3) 12 月 30 日,银行代付公司电费 250 元,公司尚未收到付款通知单。

(4) 12 月 30 日,公司收到转账支票 16 000 元,银行尚未入账。

要求:指出审计人员如何进一步开展审计工作。

五、案例分析题

1. 仲桥事务所注册会计师何梅作为外勤负责人审计天星公司 2022 年度的财务报表。通过与前任注册会计师的沟通及对被审计单位的了解,拟信赖客户的内部控制,为此决定对相关内部控制进行了了解和控制测试。通过了解发现以下情况:

(1) 鑫盛公司是天星公司的长期客户,由鑫盛公司每年预付一定的货款给天星公司用于生产鑫盛公司需要的 A 类产品,由于 2022 年生产 A 类产品的原料受到进口限制全年停产,因此鑫盛公司要求天星公司将预付款退回,但在退款函中要求天星公司将该笔款项直接转到成双公司以偿还其在成双公司采购的 A 类产品的替代品款,天星公司于 2022 年年末将该笔款项转入了成双公司。

(2) 关于货币资金支付的规定:部门或个人用款时,应提前向审批人提交申请,注明款项的用途、金额、支付方式、经济合同或相关证明;金额在 10 000 元以下的用款申请,必须经过财务副经理的审批,金额在 10 000 元以上的用款申请,应经过财务经理的审批;出纳人员根据已经批准的支付申请,按规定货币资金支付手续,及时登记库存现金和银行存款日记账;货币资金支付后,应由专职复核人员进行复核,复核货币资金的批准范围、权限、程序、手续、金额、支付方式、时间等,发现问题后及时纠正。

要求:分析天星公司内部控制中存在的问题并提出改进建议。

8

2. 2023 年 1 月 8 日 16 时,注册会计师对 A 公司的库存现金进行突击盘点。相关记录如下:

(1) 人民币:100 元币 11 张,50 元币 9 张,20 元币 5 张,10 元币 20 张,5 元币 19 张,1 元币 29 张,5 角币 38 张,1 角币 4 张,硬币 5 角 8 分。

(2) 已收款尚未入账的收款凭证 2 张,计 130 元。

(3) 已付款尚未入账的付款凭证 3 张,计 820 元,其中有 500 元白条。

(4) 2023 年 1 月 8 日库存现金日记账余额为 1 890.20 元;2023 年 1 月 1 日至 2023 年 1 月 8 日收入现金 4 560.16 元,支出现金 3 730 元;2022 年 12 月 31 日库存现金账面余额为 1 060.04 元。

(5) 开户银行核定的库存限额为 1 000 元。

要求:根据上述资料编制库存现金盘点表,指出该公司管理中存在的问题。

8

项目九　撰写审计报告

一、学习目的与要求

通过本项目的学习,掌握评价审计过程中发现的错报,熟悉审计工作底稿的复核和书面声明的内容,了解审计报告的含义、作用与类型,掌握审计报告的内容、格式与撰写措辞,掌握不同意见类型审计报告的出具条件。

二、学习要点

1. 评价错报及复核审计工作底稿
2. 书面声明的取得
3. 撰写审计报告
4. 审计档案管理

三、重难点问题

1. 评价审计过程中发现的错报和未更正错报的影响
2. 审计报告的编制与要求
3. 不同意见类型审计报告的出具条件

习 题 与 实 训

一、判断题

1. 管理层的书面声明是一种独立来源的说明书,因此可作为可靠的审计证据,代替其他证据。　　　　　　　　　　　　　　　　　　　　　　　　　　　　　　　（　　）

2. 若律师声明书明示或暗示律师拒绝提供信息,或隐瞒信息,或对被审计单位叙述的情况不加修正,注册会计师一般应认为这是审计范围受到限制,不能发表无保留意见。（　　）

3. 在任何情况下,注册会计师都应当只要求被审计单位管理层就已识别的重大错报调整财务报表。　　　　　　　　　　　　　　　　　　　　　　　　　　　　　（　　）

4. 无法表示意见,就意味着注册会计师不愿意发表意见。　　　　　　　　　（　　）

5. 审计报告必须采用统一格式和措辞,以便报告使用者正确理解。　　　　　（　　）

6. 只要审计范围受到限制，注册会计师就不能出具无保留意见的审计报告。　（　　）

7. 注册会计师出具的审计报告具有法定证明效力。　（　　）

8. 注册会计师在按照业务循环完成各财务报表项目的审计后，应立即出具审计报告，以确保发表恰当的审计意见。　（　　）

9. 试算平衡表中的"未审数"栏，应根据被审计单位提供的未审计财务报表填列。　（　　）

10. 注册会计师明知应当出具否定意见的审计报告时，为了规避风险，可以用无法表示意见的审计报告代替。　（　　）

11. 将财务报表与审计报告一同提交给财务报表使用者，可以减少被审计单位管理层对财务报表的真实性、合法性所负的责任。　（　　）

12. 审计报告的签署日期为审计报告完稿日期。　（　　）

13. 因审计范围受到限制，未能取得充分、适当的审计证据，未发现的错报可能影响重大，但不广泛，则注册会计师应当发表保留意见。　（　　）

14. 由于审计范围受到被审计单位管理层或客观环境的限制，不能获取必要的审计证据，未发现的错报可能影响重大且广泛，注册会计师应当出具否定意见的审计报告。　（　　）

15. 审计报告是注册会计师对被审计单位与财务报表所有方面发表审计意见。　（　　）

16. 由于审计范围受到限制，不能获取充分适当的审计证据，以致无法对财务报表整体反映发表意见时，注册会计师应当出具否定意见的审计报告。　（　　）

17. 注册会计师出具的无保留意见和非无保留意见审计报告均可对外公布。　（　　）

18. 注册会计师对被审计单位财务报表发表的审计意见，是对被审计单位特定日期的财务状况和所审计期间经营成果和现金流量情况的绝对保证。　（　　）

19. 注册会计师签署审计报告的日期通常为审计报告完稿日期。　（　　）

20. 无保留意见的审计报告可以附加强调事项段。　（　　）

21. 否定意见的审计报告无注册会计师责任段这一内容。　（　　）

22. 审计报告的日期不应早于注册会计师获取充分、适当的审计证据的日期。　（　　）

二、单项选择题

1. 下列关于书面声明的说法中，错误的是（　　）。

A. 书面声明能够为其所涉及的事项提供充分、适当的审计证据

B. 书面声明不包括财务报表及其认定，以及支持性账簿和相关记录

C. 书面声明的日期应当尽量接近对财务报表出具审计报告的日期，但不得在审计报告日后

D. 书面声明应当以声明书的形式致送注册会计师

2. 下列关于书面声明日期的说法中，正确的是（　　）。

A. 注册会计师离开审计现场的日期

B. 审计业务开始后的任意日期

C. 所审计会计期间截止日

D. 尽量接近审计报告日，但不得在其后

3. 甲公司 2022 年财务报表报出日为 2023 年 4 月 20 日，下列事项中，属于资产负债表日后非调整事项的是（　　）。

A. 2022 年 12 月由于违约被乙公司起诉，甲公司在 2022 年年末确认了 200 万元的预计负

债,2023 年 3 月 5 日法院判决甲公司赔偿 250 万元

B. 2023 年 3 月 10 日发现 2022 年 10 月购入的一项固定资产未计提折旧

C. 2023 年 4 月 12 日,因产品质量存在问题,丙公司要求对 2022 年 12 月 26 日购入的商品在价格上予以折让 5%,甲公司同意折让并办理了相关手续

D. 2023 年 4 月 5 日,丁公司起诉甲公司侵犯其商标权,要求赔偿经济损失 5 000 万元,甲公司预计败诉的可能性为 60%,如果败诉很可能赔偿 3 000 万元,至 2023 年 4 月 20 日法院尚未判决

4. 下列关于评价审计中重大发现的说法中,不正确的是(   )。

A. 注册会计师在审计计划阶段对重要性的判断,与其在评估审计差异时对重要性的判断是不同的

B. 如果在审计完成阶段修订后的重要性水平远远低于在计划阶段确定的重要性水平,注册会计师应重新评估已经获得的审计证据的充分性和适当性

C. 如果审计项目合伙人与项目质量控制复核人员之间存在意见分歧,审计项目组应当遵循项目质量复核人员的意见予以妥善处理

D. 在审计完成阶段,项目合伙人和审计项目组应考虑涉及会计政策的选择、运用和一贯性的重大事项的披露

5. 下列书面文件中,注册会计师认为可以作为书面声明的是(   )。

A. 董事会会议纪要

B. 财务报表副本

C. 注册会计师列示管理层责任并经被审计单位管理层确认的信函

D. 内部法律顾问出具的法律意见书

6. 下列关于管理层书面声明的说法中,正确的是(   )。

A. 书面声明,是指管理层向注册会计师提供的书面陈述,用以确认某些事项或支持其他审计证据。书面声明通常也可以包括财务报表及其认定,以及支持性账簿和相关记录

B. 书面声明可以提供必要的审计证据,特别是针对管理层的判断或意图等事项,所以其本身可以为所涉及的财务报表的特定认定提供充分、适当的审计证据

C. 如果未从管理层获取其确认已履行的责任,注册会计师也可以在审计过程中获取其他有关管理层已履行这些责任的充分、适当的审计证据

D. 在管理层签署书面声明前,注册会计师不能发表审计意见,也不能签署审计报告

7. 注册会计师要求甲公司提供承担财务报表编制责任的书面声明,但是甲公司表示财务报表是上任财务总监负责编制的,由于该财务总监已经离职,所以现任公司管理层对该报表不承担编制责任,拒绝提供相应的书面声明,但是愿意签署经过审计的财务报表。则注册会计师的正确做法是(   )。

A. 应当将其视为审计范围受到限制,出具保留意见或否定意见的审计报告

B. 应当解除业务约定

C. 应当将其视为审计范围受到限制,出具无法表示意见的审计报告

D. 应当通知甲公司治理层,由治理层提供必要的声明

8. 下列关于审计工作底稿复核的说法中,错误的是(   )。

A. 复核人员应当知悉并解决重大的会计和审计问题,考虑其重要程度并适当修改总体审计策略和具体审计计划

9

B. 复核工作应当由至少具备同等专业胜任能力的人员完成

C. 复核范围因审计复杂程度及工作安排的不同而不同,但并不因审计规模的不同而存在显著差异

D. 项目组内部审计工作底稿的复核工作最终由项目合伙人复核

9. 下列关于复核审计工作底稿的表述中,错误的是(　　)。

A. 对审计工作底稿的复核可分为两个层次,包括项目组内部复核和项目合伙人的质量控制复核

B. 审计项目经理对审计工作底稿的复核是最详细的复核

C. 项目经理对工作底稿的复核属于第一级复核,该级复核通常在审计现场完成,以便及时发现和解决问题,争取审计工作的主动

D. 项目质量控制复核并不能减轻项目合伙人的责任,更不能替代项目合伙人的责任

10. 注册会计师对管理层提供的书面声明的可靠性产生疑虑,认为其在财务报表中作出不实陈述的风险很大,以至于审计工作无法进行。在这种情况下,治理层并没有采取适当的纠正措施,注册会计师正确的做法是(　　)。

A. 发表否定意见审计报告

B. 视为审计范围受限,发表保留或者否定意见审计报告

C. 视为审计范围受限,发表保留或者无法表示意见审计报告

D. 考虑解除业务约定

11. 如果管理层不提供要求的书面声明,且注册会计师对其诚信产生重大疑虑,以至于认为其作出的书面声明不可靠,注册会计师正确的做法是(　　)。

A. 出具带强调事项段的无保留意见审计报告

B. 出具保留意见审计报告

C. 出具否定意见审计报告

D. 出具无法表示意见的审计报告

12. 下列关于第一时段期后事项的说法中,不正确的是(　　)。

A. 注册会计师应主动识别第一时段期后事项

B. 财务报表日至审计报告日之间发生的期后事项属于第一时段期后事项

C. 注册会计师应设计专门的审计程序来识别这些期后事项

D. 针对第一时段期后事项的专门审计程序,其实施时间越接近资产负债表日越好

13. 下列关于审计报告的说法中,不正确的是(　　)。

A. 审计报告采用书面形式

B. 审计报告由不是注册会计师的项目经理签字盖章

C. 审计报告应当具有标题,统一规范为"审计报告"

D. 审计报告应当按照审计业务约定的要求载明收件人

14. 下列对审计报告作用的理解中,不正确的是(　　)。

A. 由于注册会计师是以超然独立的第三方身份,对被审计单位财务报表的合法性、公允性发表意见,因此这种意见具有鉴证作用

B. 审计报告可以提高或降低财务报表使用者对财务报表的信赖程度,在一定程度上对利害关系人的利益起到保护作用

C. 审计报告可以对审计工作质量是否符合准则要求起证明作用,从而达到消除审计风险

的目的

D. 通过审计报告,可以证明注册会计师对审计责任的履行情况

15. 下列关于审计报告鉴证作用的说法中,错误的是( )。

A. 注册会计师签发的审计报告是以超然独立的第三者身份发表意见的

B. 出具审计报告是对被审计单位财务报表合法性、公允性发表意见

C. 政府有关部门了解、掌握企业的财务状况和经营成果的主要依据是事务所提供的审计报告

D. 财务报表是否合法、公允,主要依据注册会计师的审计报告进行判断

16. 下列关于审计报告特征的说法中,错误的是( )。

A. 审计报告是注册会计师根据审计准则规定出具的

B. 审计报告需要在执行审计工作的基础上出具

C. 注册会计师通过对财务报表发表意见履行业务约定书的责任

D. 审计报告可以是电子形式的

17. 注册会计师实施替代程序无法获取有关存货的存在和状况的充分适当的审计证据,但项目组认为未发现的错报对财务报表可能产生的影响重大,但不具有广泛性,那么注册会计师应发表的审计意见是( )。

A. 保留意见　　　　B. 否定意见　　　　C. 无法表示意见　　　　D. 无保留意见

18. 下列各项中,不属于审计范围受到限制的情况是( )。

A. 管理层阻止注册会计师实施存货监盘

B. 被审计单位的会计记录已被损坏

C. 注册会计师由于应收账款函证时间过长,决定不进行函证

D. 注册会计师接受审计委托的时间安排,使注册会计师无法实施存货监盘

19. ( )是指会计师在审计过程中发现的,能够准确计量的错报。

A. 已识别错报　　　　B. 推断错报　　　　C. 会计核算差异　　　　D. 重分类差异

20. 如果被审计单位限制注册会计师监盘构成总资产50％的存货,尽管财务报表的其他项目都取得了满意的证据,但无法对存货运用替代审计程序,则审计人员应出具( )审计报告。

A. 标准　　　　　　　　　　　　B. 带强调事项段的无保留意见

C. 保留意见　　　　　　　　　　D. 无法表示意见

21. ( )表明注册会计师认为被审计单位财务报表无法接受。

A. 无保留意见　　　　B. 否定意见　　　　C. 保留意见　　　　D. 无法表示意见

22. 审计范围受到限制可能产生的影响非常重大和广泛,应签发( )审计报告。

A. 无保留意见　　　　B. 否定意见　　　　C. 保留意见　　　　D. 无法表示意见

23. ( )是在被审计单位提供未审财务报表的基础上,考虑调整分录等内容,确定已审数的表式。

A. 试算平衡表　　　　　　　　　B. 账项调整分录汇总表

C. 重分类调整分录汇总表　　　　D. 未更正错报汇总表

24. 过入试算平衡表中的调整分录是( )。

A. 被审计单位已接受调整建议的部分　　B. 重分类调整分录

C. 账项调整分录　　　　　　　　　　　　D. 全部调整分录

9

25. 试算平衡表中的"未审数"栏,应根据(　　)填列。

A. 未审计财务报表　　　　　　　　B. 已审计财务报表

C. 总账　　　　　　　　　　　　　D. 明细账

26. 会计核算错报通过(　　)汇总。

A. 账项调整分录汇总表　　　　　　B. 重分类调整分录汇总表

C. 附注披露调整汇总表　　　　　　D. 未更正错报汇总表

27. 对特定业务(如涉及公众利益的上市公司财务报表审计、高风险业务),在出具审计报告前应由(　　)实施独立的项目质量控制复核。

A. 没有直接参加这个项目审计的人员　　B. 项目经理

C. 会计师事务所项目合伙人　　　　　　D. 项目组资深注册会计师

28. 审计报告的收件人应为被审计单位的(　　)。

A. 全体职工　　　　B. 全体股东　　　　C. 董事会　　　　D. 董事长

29. 在我国,注册会计师的审计报告的标题统一为(　　)。

A. 会计师事务所审计报告　　　　　B. 查账报告

C. 审计报告　　　　　　　　　　　D. 注册会计师审计报告

30. 对审计报告的以下理解中,不恰当的是(　　)。

A. 在实施审计工作的基础上才能出具审计报告

B. 应当以书面形式出具审计报告

C. 必须在获取充分、适当的审计证据的情况下才能出具审计报告

D. 通过在审计报告上签字以履行其审计责任

31. 财务报表存在应披露而未披露信息相关的重大错报。下列做法中,不恰当的是(　　)。

A. 与治理层讨论未披露信息的情况

B. 在导致非无保留意见的事项段中描述未披露信息的性质

C. 在导致非无保留意见的事项段中包含未披露信息的披露

D. 在意见段后增加其他事项段说明未披露信息相关的重大错报

32. 注册会计师确定审计报告日期时,下列做法中,不恰当的是(　　)。

A. 早于或等于管理层签署已审计财务报表的日期

B. 管理层批准并签署已审计财务报表后注册会计师可签署审计报告

C. 一般不是撰写审计报告的日期

D. 晚于或等于管理层签署已审计财务报表的日期

33. 注册会计师出具无保留意见的审计报告,如果认为必要,可以在(　　)增加强调事项段,对重大事项加以说明。

A. 关键审计事项　　　　　　　　　B. 意见段之前

C. 形成审计意见的基础之后　　　　D. 审计报告附注

34. 注册会计师在出具非无保留意见的审计报告时,应在(　　)增加说明段,说明形成审计意见的基础。

A. 意见段之前　　B. 意见段之后　　C. 引言段之前　　D. 管理层责任

35. 无法表示意见的审计报告不应包括(　　)。

A. 意见段　　B. 关键审计事项　　C. 形成意见基础段　　D. 注册会计师签章

9

36. 以下情形中,注册会计师极有可能发表无法表示意见的是(　　　)。

A. 客户没有反映会计准则和相关会计制度所要求的补充信息

B. 重要信息披露不充分

C. 客户施加的重大范围限制

D. 子公司的其他审计师发表了保留意见

37. 非无保留意见审计报告的形成审计意见基础段,应清楚地说明导致所发表意见或无法发表意见的所有原因,并在可能情况下,指出其对(　　　)的影响程度。

A. 审计报告　　　　　B. 财务报表　　　　　C. 审计意见　　　　　D. 财务信息

三、多项选择题

1. 下列有关获取书面声明的说法中,正确的有(　　　　　)。

A. 书面声明属于来自被审计单位内部的证据,证明力较弱

B. 对获取的管理层对重大事项的声明,注册会计师在必要时,应将其对声明事项的重要性的理解告知管理层

C. 书面声明的日期通常为财务报告公布日

D. 注册会计师不应以管理层的书面声明替代能够合理预期获取的其他审计证据

2. 注册会计师应提请被审计单位对本期财务报表及相关的账户金额进行调整的期后事项包括(　　　　　)。

A. 被审计单位由于某种原因在资产负债表日前被起诉,法院于财务报表日后判决被审计单位应赔偿对方损失

B. 财务报表日后不久的销售情况显示库存商品在财务报表日已发生减值

C. 财务报表日后发生火灾导致产成品仓库烧毁

D. 财务报表日后企业合并

3. 下列属于在审计完成阶段,项目合伙人和审计项目组考虑的重大发现的有(　　　　　)。

A. 期中复核中的重大发现及其对审计方法的影响

B. 涉及会计政策的选择、运用和一贯性的重大事项

C. 与最终审计结论相矛盾或不一致的信息

D. 就识别出的重大风险,对审计策略和计划的审计程序所作的重大修正

4. 下列属于注册会计师在判断错报的性质是否重要时应该考虑的情况有(　　　　　)。

A. 错报对增加管理层报酬的影响程度

B. 就注册会计师所了解的以前向报表使用者传达的信息而言,错报的重大程度

C. 错报对财务报表中列报的分部信息的影响程度

D. 与被审计单位发生交易的外部单位是否与被审计单位管理层的成员有关联

5. 下列各项中,应当列入书面声明的有(　　　　　)。

A. 管理层认为,未更正错报单独或汇总起来对财务报表整体的影响不重大

B. 被审计单位已向注册会计师披露管理层注意到的、可能影响被审计单位的与舞弊或舞弊嫌疑相关的所有信息

C. 所有交易均已记录并反映在财务报表中

D. 被审计单位将及时足额支付审计费用

6. 在确定审计报告日时,注册会计师应当确信已获取的审计证据有(　　　　　)。

A. 构成整套财务报表的所有报表已编制完成

B. 被审计单位的董事会、管理层或类似机构已经认可其对财务报表的责任

C. 财务报表已经不存在错报

D. 审计工作底稿已经归档完成

7. 对截至审计报告日发生的期后事项,下列做法中,不正确的有( )。

A. 尽量在接近财务报表日时实施针对期后事项的专门审计程序

B. 设计专门的审计程序识别这些期后事项

C. 没有义务针对财务报表实施审计程序

D. 尽量在接近审计报告日时实施针对期后事项的专门审计程序

8. 针对发生在财务报表报出日后的期后调整事项,注册会计师已经知悉,同时管理层已经修改财务报表,则下列注册会计师的行动恰当的有( )。

A. 实施必要的审计程序,比如复核会计处理或披露事项

B. 复核管理层采取的措施能否确保所有收到原财务报表和审计报告的人士了解这一情况

C. 因为财务报表已经修改,注册会计师无须进行处理

D. 延伸实施审计程序,并针对修改后的财务报表出具新的审计报告

9. 公司年度财务报表公布后,在 A 注册会计师获知的以下事项中,需要对年度财务报表采取适当措施的有( )。

A. 公司年度财务报表中披露的未决诉讼在财务报表公布后得到最终判决

B. 公司年度财务报表可能存在重大错报

C. 公司年度采用的投资性房地产(主要资产)会计核算政策不符合企业的具体情况

D. 公司在年度财务报表公布后,生产车间发生火灾,造成巨大损失

10. 下列有关期后事项审计的说法中,正确的有( )。

A. 注册会计师应当设计和实施审计程序,获取充分、适当的审计证据,以确定所有在财务报表日至财务报表报出日之间发生的、需要在财务报表中调整或披露的事项均已得到识别

B. 注册会计师应当恰当应对在审计报告日后知悉的且如果在审计报告日知悉可能导致注册会计师修改审计报告的事实

C. 注册会计师应当要求管理层提供书面声明,确认所有在财务报表日后发生的、按照适用的财务报告编制基础的规定应予调整或披露的事项均已得到调整或披露

D. 在财务报表报出后,注册会计师没有义务针对财务报表实施任何审计程序

11. 关于注册会计师在财务报表审计中对期后事项的责任,下列说法中正确的有( )。

A. 注册会计师应当设计和实施审计程序,获取充分、适当的审计证据,以确定所有在财务报表日至财务报表报出日之间发生的、需要在财务报表中调整或披露的事项均已得到识别

B. 在审计报告日后,注册会计师没有义务针对财务报表实施任何审计程序

C. 在财务报表报出后,注册会计师没有义务针对财务报表实施任何审计程序

D. 在审计报告日后,如果知悉某事实,且若在审计报告日知悉该事实可能导致修改审计报告,注册会计师应当与管理层和治理层(如适用)讨论该事项,确定财务报表是否需要修改,如果需要修改,询问管理层将如何在财务报表中处理该事项

12. 下列各项中,属于在评价财务报表是否在所有重大方面按照适用的财务报告编制基

9

础编制时需要考虑的有（　　　　　）。

A. 财务报表使用的术语（包括每一财务报表的标题）是否适当

B. 被审计单位会计实务的质量

C. 表明管理层的判断可能出现偏向的迹象

D. 财务报表列报的信息是否具有相关性、可靠性、可比性和可理解性

13. 下列各项中，可能导致财务报表出现重大错报的有（　　　　　）。

A. 选择的会计政策与适用的财务报告编制基础不一致

B. 财务报表没有按照公允列报的方式反映交易和事项

C. 管理层随意变更会计政策

D. 财务报表没有作出必要的披露以实现公允反映

14. 下列关于注册会计师签署审计报告的日期和管理层签署已审计财务报表的日期说法正确的有（　　　　　）。

A. 注册会计师签署审计报告的日期通常与管理层签署已审计财务报表的日期为同一天

B. 注册会计师签署审计报告的日期可以晚于管理层签署已审计财务报表的日期

C. 注册会计师签署审计报告的日期可以早于管理层签署已审计财务报表的日期

D. 注册会计师签署审计报告的日期一定晚于管理层签署已审计财务报表的日期

15. 下列关于审计报告的说法中，错误的有（　　　　　）。

A. 对业务比较简单的被审计单位来说，不执行审计工作也可以出具审计报告

B. 注册会计师应当按照审计准则的规定执行审计工作

C. 注册会计师应当以书面形式或电子形式出具审计报告

D. 对非无保留意见的审计报告，注册会计师可以不在审计报告上签名盖章

16. 下列关于关键审计事项的表述中，不正确的有（　　　　　）。

A. 如果注册会计师在审计中根据职业判断认为存在关键审计事项，则需要在审计报告中增加强调事项段并予以说明

B. 关键审计事项，是注册会计师根据职业判断认为对当期财务报表审计最为重要的事项

C. 在审计报告的关键审计事项段落沟通的事项，必须是在形成审计意见时已得到恰当解决的事项

D. 如果存在多项关键审计事项，注册会计师必须在审计报告中逐项描述关键审计事项

17. 在下列情况中，注册会计师不应发表保留意见或无法表示意见的有（　　　　　）。

A. 被审计单位拒绝接受注册会计师就重大事项提出的调整或披露建议

B. 被审计单位管理层拒绝签发声明书

C. 被审计单位拒绝就重大的应披露期后事项进行披露

D. 被审计单位拒绝接受就内部控制的严重缺陷所提出的改进建议

18. 对财务报表的影响具有广泛性的情形有（　　　　　）。

A. 错报汇总起来大于重要性水平

B. 不限于对财务报表的特定要素、账户或项目产生影响

C. 虽然仅对财务报表的特定要素、账户或项目产生影响，但这些要素、账户或项目是或可能是财务报表的主要组成部分

D. 当与披露相关时，产生的影响对财务报表使用者理解财务报表至关重要

19. 索取被审计单位管理层的书面声明的作用主要有（　　　　　）。

A. 明确管理层对财务报表的责任　　　　B. 确认注册会计师的审计范围

C. 保护注册会计师　　　　　　　　　　D. 提供审计证据

20. 下列各项中,通常包括在管理层的书面声明书里的有(　　　　)。

A. 管理层认可其对财务报表的编制责任

B. 注册会计师应对财务报表的可靠程度提供绝对保证

C. 对财务报表具有重大影响的重大不确定事项

D. 管理层声明财务会计资料已全部提供给注册会计师

21. 注册会计师在审计计划阶段已确定审计风险的可接受水平,在终结阶段,如果实际审计风险高于可接受审计风险水平,即注册会计师认为审计风险不能接受,注册会计师应当(　　　　)。

A. 考虑实施的审计程序是否充分　　　　B. 执行项目质量控制复核

C. 说服被审计单位进行必要的调整　　　D. 发表无保留意见

22. 在对重要性进行最终评价时,确定的财务报表项目可能错报金额的汇总数包括(　　　　)。

A. 已更正的已识别错报　　　　　　　　B. 未更正的已识别错报

C. 推断错报　　　　　　　　　　　　　D. 上期未更正错报对本期报表的影响

23. 在编制完成试算平衡表后,应注意核对项目之间的勾稽关系,包括(　　　　)。

A. 资产负债表试算平衡表左边的"未审数""审定数"各栏合计数应分别等于其右边相应各栏合计数

B. 资产负债表试算平衡表左边的"账项调整金额"栏中的借方合计数与贷方合计数之差应等于右边的"账项调整金额"栏中的贷方合计数与借方合计数之差

C. 资产负债表试算平衡表左边的"重分类金额"栏的借方合计数与贷方合计数之差应等于右边的"重分类金额"栏中的贷方合计数与借方合计数之差

D. 利润表试算平衡表的"调整金额"栏中的借方合计数应等于贷方合计数

24. 审计意见的基本类型有(　　　　)。

A. 无保留意见　　B. 否定意见　　　C. 保留意见　　　　D. 无法表示意见

25. 审计范围受到的限制可能是(　　　　)。

A. 客观环境造成的限制　　　　　　　　B. 审计成本过高造成的限制

C. 管理层造成的限制　　　　　　　　　D. 审计抽样造成的限制

26. 导致保留意见的事项段可能包括(　　　　)。

A. 说明注册会计师注意到的、将导致发表保留意见的所有事项

B. 在可能情况下,量化导致保留意见的事项的财务影响,如果无法量化财务影响,应当说明这一情况

C. 如果财务报表中存在与叙述性披露相关的重大错报,应解释该错报错在何处

D. 如果因无法获取充分、适当的审计证据而导致发表保留意见,应说明无法获取审计证据的原因

27. 下列各项中,构成审计报告的要素的有(　　　　)。

A. 审计业务约定书　　　　　　　　　　B. 管理层对财务报表的责任

C. 注册会计师的签名和盖章　　　　　　D. 报告日期

28. 下列有关审计报告的要素的说法中,正确的有(　　　　)。

A. 审计报告应当载明会计师事务所的名称和地址,并加盖公章

B. 审计报告应当注明项目合伙人

C. 审计报告的日期应当与管理层签署已审计财务报表的日期为同一天

D. 审计报告应当载明收件人

29. 下列有关审计报告的作用的说法中,正确的有(　　　　)。

A. 对被审计单位财务报表合法性、公允性发表意见

B. 提高或降低财务报表使用者对财务报表的信赖程度

C. 对审计工作质量和注册会计师的审计责任进行证明

D. 为外部投资者等财务报表使用者利用被审计单位的财务信息提供指导

30. 下列各项错报中,通常对财务报表具有广泛影响的有(　　　　)。

A. 被审计单位没有披露关键管理人员的薪酬

B. 信息系统缺陷导致的应收账款、存货等多个财务报表项目的错报

C. 被审计单位没有将年内收购的一家重要子公司纳入合并范围

D. 被审计单位没有按照成本与可变现净值孰低原则对存货进行计量

31. 下列有关审计报告的日期的说法中,正确的有(　　　　)。

A. 审计报告的日期是审计报告的要素之一

B. 管理层签署已审计财务报表的日期通常与注册会计师签署审计报告的日期为同一天,或晚于注册会计师签署审计报告的日期

C. 在确定审计报告日时,注册会计师应当确信构成整套财务报表的所有报表已编制完成

D. 注册会计师对审计报告日后发生的事项和交易的责任,按照期后事项的原则进行处理

32. 注册会计师在审计中遇到下列情形中,构成审计范围受到限制的有(　　　　)。

A. 被审计单位的会计记录已被损坏

B. 注册会计师确定仅实施实质性程序是不充分的,但被审计单位的控制是无效的

C. 管理层阻止注册会计师实施存货监盘

D. 注册会计师接受审计委托的时间安排,使注册会计师无法实施存货监盘

33. 下列关于审计报告的说法中,错误的有(　　　　)。

A. 对于业务比较简单的被审计单位而言,注册会计师不执行审计工作也可以出具审计报告

B. 注册会计师应当按照审计准则的规定执行审计工作

C. 注册会计师应当以书面形式出具审计报告

D. 对于非无保留意见的审计报告,注册会计师可以不在审计报告上签名盖章

34. 注册会计师出具审计报告有(　　　　)的作用。

A. 鉴证　　　　　　B. 保护　　　　　　C. 证明　　　　　　D. 减轻管理层的责任

35. 属于审计报告"意见段"内容的有(　　　　)。

A. 2022 年 12 月 31 日的资产负债表　　　　B. 2022 年的利润表

C. 注册会计师已经审计了某公司财务报表　　D. 注册会计师拟审计某公司财务报表

36. 属于审计报告"管理层对财务报表的责任段"内容的有(　　　　)。

A. 按照企业会计准则的规定编制财务报表,确保财务报表合法性和公允性

B. 按照企业会计准则的规定编制财务报表,并使其实现公允反映

C. 设计、执行和维护必要的内部控制,以使与财务报表相关的内部控制不存在重大缺陷

D. 设计、执行和维护必要的内部控制,以使财务报表不存在由于舞弊或错误导致的重大错报

37. 需要在意见段之后增加形成意见基础段，以说明所持意见理由的审计报告有（　　　　　）。

A. 无保留意见的审计报告　　　　　B. 否定意见的审计报告

C. 保留意见的审计报告　　　　　　D. 无法表示意见的审计报告

四、案例分析题

1. 注册会计师张扬作为项目经理带领项目组于 2023 年 4 月 10 日完成对 ABC 有限责任公司 2022 年财务报表的审计工作，获取了充分、适当的审计证据。合伙人李力作为项目负责人复核底稿。注册会计师确定的财务报表层次重要性水平为 5 万元。在审计过程中，发现如下问题：

(1) 2022 年 12 月，预付 2023 年财产保险费 5 000 元，全部作当月管理费用处理。该公司没有接受注册会计师的调整建议。

(2) 2022 年 1 月，从二级市场购入 10 万元股票，将其列入"管理费用"账户，造成资产、利润、所得税反映失实。注册会计师提出调整建议，该公司拒绝采纳。

(3) 该公司管理层拒绝注册会计师参加存货盘点，该存货占总资产的 50%，注册会计师无法对存货运用替代审计程序。

要求：

(1) 分别根据上述情况，说明注册会计师应发表何种审计意见，并简要说明理由。

(2) 假如只存在第一种情况，撰写一份审计报告。

9

2. 某会计师事务所的注册会计师对 ABC 股份有限公司 2022 年度财务报表进行审计,于 2023 年 2 月 28 日完成审计工作,获取了充分、适当的审计证据。2023 年 3 月 5 日审计报告完稿。A 为项目经理,B 为负责该项目的合伙人。注册会计师确定的财务报表层次重要性水平为 10 万元。复核底稿时发现:

(1) 该公司对年度应调整的应收账款 500 万元作出调整,但对注册会计师提出调整建议的其他应收款 2 万元未予调整。

(2) 该公司对机器设备计提折旧以前一直采用平均年限法,由于行业技术进步较快,自 2022 年 1 月 1 日起改为加速折旧法,此项变更已在财务报表附注中作了说明。

要求:

(1) 分别根据上述事项,说明注册会计师应出具何种审计报告,请简要说明理由。

(2) 根据上述资料,撰写审计报告。

3. 铭强会计师事务所的注册会计师对 A 股份有限责任公司 2022 年度财务报表进行了审计,发现该公司存在:

(1) 2022 年 12 月 31 日的存货余额 82 000 万元,占未审计资产总额的 35%,由于该公司未进行存货盘点,无法实施对存货的监盘程序,而该公司又拒绝注册会计师实施其他替代程序,致使报表的存货项目无法核实。

(2) 2022 年 12 月 28 日的主营业务收入 852 万元未入账,该公司接受了注册会计师的审计调账建议。

(3) 该公司有 520 万元长期债权投资列为其他应收款,该公司接受了注册会计师的审计调账建议。

要求:指出注册会计师应当出具何种意见类型的审计报告,并简要说明理由。

4. ABC 会计师事务所的 A 注册会计师担任多家被审计单位 2022 年度财务报表审计的项目合伙人，遇到下列审计报告的相关事项：

（1）甲公司 2022 年年初开始使用新的 ERP 系统，因系统缺陷导致 2022 年度成本核算混乱，审计项目组无法对营业成本、存货等项目实施审计程序。

（2）乙公司在 2022 年向关联方转让办公楼，确认大额资产处置收益，实现扭亏为盈，管理层未能按照公允价值确定转让价格并进行会计处理。

（3）因丙公司严重亏损，董事会拟于 2023 年对其进行清算，管理层运用持续经营假设编制了 2022 年度财务报表，并在财务报表附注中充分披露了清算计划。

（4）丁公司是金融机构，在风险管理中运用大量复杂的金融工具，因风险管理负责人离职，人事部暂未招聘到合适的人员，管理层未能在财务报表附注中披露与金融工具相关的风险。

要求：针对上述第（1）至（4）项，逐项指出 A 注册会计师应当出具何种类型的审计报告，并简要说明理由。

主要参考文献

［1］中国注册会计师协会.中国注册会计师执业准则及应用指南［M］.北京：中国财政经济出版社,2023.

［2］马春静,隋丽莉,刘艳梅.审计原理与实务［M］.7 版.大连：大连理工大学出版社,2022.

［3］彭溪,夏赛莲.审计实务项目化教程［M］.2 版.北京：电子工业出版社,2021.

［4］陈建松,徐匡平.审计实务［M］.6 版.北京：高等教育出版社,2021.

感谢您使用本书。为方便教学，我社为教师提供资源下载、样书申请等服务，如贵校已选用本书，您只要关注微信公众号"高职财经教学研究"，或加入下列教师交流QQ群即可免费获得相关服务。

"高职财经教学研究"公众号

最新目录

样书申请

资源下载

试卷下载

云书展

⊞　∷师资培训　∷教学服务　∷教材样章

资源下载：点击"**教学服务**"—"**资源下载**"，或直接在浏览器中输入网址（http://101.35.126.6/），注册登录后可搜索相应的资源并下载。（建议用电脑浏览器操作）

样书申请：点击"**教学服务**"—"**样书申请**"，填写相关信息即可申请样书。

试卷下载：点击"**教学服务**"—"**试卷下载**"，填写相关信息即可下载试卷。

样章下载：点击"**教材样章**"，即可下载在供教材的前言、目录和样章。

师资培训：点击"**师资培训**"，获取最新会议信息、直播回放和往期师资培训视频。

◎ 联系方式

会计QQ3群：473802328　　　会计QQ2群：370279388　　　会计QQ1群：554729666

（以上3个会计QQ群，加入任何一个即可获取教学服务，请勿重复加入）

联系电话：（021）56961310　　　电子邮箱：3076198581@qq.com

◎ 在线试题库及组卷系统

我们研发有10余门课程试题库："基础会计""财务会计""成本计算与管理""财务管理""管理会计""税务会计""税法""审计基础与实务"等，平均每个题库近3000题，知识点全覆盖，题型丰富，可自动组卷与批改。如贵校选用了高教社沪版相关课程教材，我们可免费提供给教师每个题库生成的各6套试卷及答案（Word格式难中易三档，索取方式见上述"试卷下载"），教师也可与我们联系咨询更多试题库详情。